# POLISH

## Phrase Book
## &Dictionary

**Hania Forss**

D0710282

BBC Active, an imprint of Educational Publishers LLP, part of the Pearson Education Group, Edinburgh Gate, Harlow, Essex CM20 2JE, England

© Educational Publishers LLP 2007

BBC logo © BBC 1996. BBC and BBC ACTIVE are trademarks of the British Broadcasting Corporation.

First published 2007.
Third impression 2008

ISBN 978-1-4066-1211-0

Cover design: Two Associates
Cover photograph: Pegaz/Alamy
Insides design: Pentacor book design
Layout: Pryor Design
Illustrations © Joanna Kerr, New Division
Series editor: Philippa Goodrich
Development manager: Tara Dempsey
Senior production controller: Man Fai Lau

Printed and bound in China. CTPSC/03

The Publisher's policy is to use paper manufactured from sustainable forests.

# how to use this book

This book is divided into colour-coded sections to help you find the language you need as quickly as possible. You can also refer to the **contents** on pages 4–5, and the contents lists at the start of each section.

Along with travel and language tips, each section contains:

 **YOU MAY WANT TO SAY...**
language you'll need for every situation

 **YOU MAY SEE...**
words and phrases you'll see on signs or in print

 **YOU MAY HEAR...** questions, instructions or
information people may ask or give you

On page 12 you'll find essentials, a list of basic, all-purpose phrases to help you start communicating straight away.

Many of the phrases can be adapted by simply using another word from the dictionary. For instance, take the question Gdzie jest lotnisko? (Where is the airport?), if you want to know where the *station* is, just substitute dworzec (station) for lotnisko to give Gdzie jest dworzec?.

The **pronunciation guide** is based on English sounds, and is explained on page 6. If you want some guidance on how the Polish language works, see **basic grammar** on page 145. The **dictionary** is separated into two sections: English–Polish (page 153) and Polish–English (page 197). We welcome any comments or suggestions about this book, but in the meantime, have a good trip – Dobrych wakacji!

# contents

# pronunciation guide

## ✳ pronunciation

Polish has some letters marked with accents over, or under them, to indicate specific pronunciation: ą, ę, ć, ł, ń, ó, ś, ź and ż. The letters q, v and x don't exist in Polish and appear only in some words of foreign origin. Polish pronunciation and spelling are more consistent than in English, and once you master a few basic rules you can follow the pronunciation guide provided in this phrasebook.

A characteristic feature of Polish is combinations of consonants, e.g. szcz, chrz, prz, stk, żdż, dź and others, which appear unusual in written language and are full of 'hissing' sounds, but with practice you can get used to them. The stress falls on the last but one syllable in a word, except in words of foreign origin. Stressed syllables are indicated in bold in the pronunciation guide.

## ✳ the Polish alphabet

| LETTER | PRONOUNCED | LETTER | PRONOUNCED |
|--------|-----------|--------|-----------|
| A a | a | E e | e |
| Ą ą | ow | Ę ę | ew |
| B b | beh | F f | ef |
| C c | ts | G g | ge |
| Ć ć | che | H h | h |
| D d | deh | I i | ee |

| | | | |
|---|---|---|---|
| J j | *yot* | R r | *er* |
| K k | *ka* | S s | *es* |
| L l | *el* | Ś ś | *esh* |
| Ł ł | *ew* | T t | *te* |
| M m | *em* | U u | *oo* |
| N n | *en* | W w | *voo* |
| Ń ń | *enh* | Y y | *i* |
| O o | *o* | Z z | *zet* |
| Ó ó | *oo* | Ź ź | *zhet* |
| P p | *pe* | Ż ż | *zhet* |

# ✳ rules of pronunciation

**1) Vowels** ó and u have identical pronunciation; nasal vowel ą has three different pronunciations depending on its position in the word, and/or the consonant that follows, and ę has two pronunciations, also depending on its position in the word. J is treated as a semi-vowel.

| LETTER | APPROX ENGLISH EQUIVALENT | SHOWN IN BOOK AS | EXAMPLE | PRONOUNCED AS |
|---|---|---|---|---|
| a | a in 'cat' | a | tak | *tak* |
| ą (nasal) | on in 'bond' | on | błąd | *bwont* |
| ą | om in 'tom' | om | kąpiel | ***kom**piel* |
| ą | ow in 'tow' | ow | są | *sow* |
| e | e in 'net' | e | też | *tesh* |

| ę (nasal) | en in 'bend' | en | ręka | *renka* |
| ę | e in met | e | proszę | *proshe* |
| i | e in 'see' | ee | kino | *keeno* |
| j | y in 'yes' | y | jacht | *yaht* |
| o | o in 'lot' | o | tona | *tona* |
| ó | oo in 'boot' | oo | bóg | *book* |
| u | oo in in 'boot' | oo | but | *boot* |
| y | i in 'tin' | i | dym | *dim* |

**2) Consonants similar to English** Consonants b, d, g, w, ż and z lose their 'strong' pronunciation when positioned next to voiceless (weakly) pronounced consonants, or at the end of the word, and become p, t, k, f, and s respectively, e.g. klub becomes *kloop*, drozd becomes *drost*, róż becomes *roosh*, etc. Similarly, groups rz and dz and dź become *sh*, *ts*, and *ch* (as represented in the pronunciation guide), in the contexts mentioned above, e.g. lekarz is pronounced *lekash*, wódz – *voots*, łódź – *wooch*.

| LETTER | APPROX ENGLISH EQUIVALENT | SHOWN IN BOOK AS | EXAMPLE | PRONOUNCED AS |
|---|---|---|---|---|
| b | b in 'but' | b | brat | *brat* |
| d | d in 'day' | d | dom | *dom* |
| f | f in 'fumes' | f | fajka | *fayka* |
| g | g in 'gram' | g | gra | *gra* |
| h=ch | h in 'hi' | h | Hanna | *hanna* |
| ch=h | h in 'hi' | h | chleb | *hlep* |
| k | k in 'kite' | k | kra | *kra* |

| l | l in 'lucky' | l | lody | *lodi* |
| m | m in 'me' | m | mama | *mama* |
| n | n in 'no' | n | notes | *notes* |
| p | p in 'paper' | p | pałac | *pawats* |
| s | s in 'sat' | s | sen | *sen* |
| t | t in 'tin' | t | test | *test* |
| z | z in 'zoo' | z | zoo | *zo-o* |

**3) Consonants which differ from English** Consonants
ć, ń, ś, ź have their equivalent spelling as ci, ni, si, zi if
they are followed by a vowel, e.g. ciemno, zima, but they
retain their 'soft' pronunciation, shown in the book as *ch*
and *zh*, respectively. Consonants ż and ź have a similar
pronunciation.

For the sake of simplicity, the sounds ż and ź are shown as
*zh*; ć and cz as *ch*; n and ń as *n*; dź and dż as *dj*; ś and sz
as *sh*.

| LETTER | APPROX ENGLISH EQUIVALENT | SHOWN IN BOOK AS | EXAMPLE | PRONOUNCED AS |
| --- | --- | --- | --- | --- |
| c | ts | ts | cena | *tsena* |
| ć | ch in 'cheek' | ch | ciemno | *chemno* |
| ł | w | w | łoś | *wosh* |
| ń | n in 'onion' | n | koń | *kon* |
| ś | s in 'sugar' | sh | ktoś | *ktosh* |
| r | r in 'pray' | r | rower | *rover* |
| w | v in 'vine' | v | wino | *veeno* |

| ź | zh | zh | źle | *zhle* |
| ż | zh | zh | żona | *zhona* |

## 4) Consonant pairs with one sound

| LETTER | APPROX ENGLISH EQUIVALENT | SHOWN IN BOOK AS | EXAMPLE | PRONOUNCED AS |
| --- | --- | --- | --- | --- |
| cz | ch in 'check' | ch | czek | *chek* |
| sz | sh in 'shy' | sh | szyk | *shik* |
| rz=ż | z in 'pleasure' | zh | rzeka | ***zheka*** |
|  |  |  | żona | ***zhona*** |
| dz | ds in 'needs' | dz | dzban | *dzban* |
| dż | dj in 'jam' | dj | dżungla | ***djoongla*** |
| dź | dj in 'jeep' | dj | dźwig | ***djveek*** |

Finally, what makes Polish a challenge, are combinations of consonants, which may look and sound daunting, but with the guidelines provided here you can make it! Here are some examples:

| LETTERS | POLISH WORD | PRONUNCIATION | |
| --- | --- | --- | --- |
| szcz | szczęście | ***shchen**shche* | sh-**chen**-sh-che |
| chrz | chrzan | *hshan* | h-sh-an |
| trz | trzy | *tshi* | t-sh-i |
| prz | przepraszam | *pshepra**sham*** | p-she-**pra**-sh-am |
| stko | wszystko | *fshistko* | f-sh-**is**-tk-o |

# the basics

# *essentials

| | | |
|---|---|---|
| **Hello.** (formal/ informal) | Dzień dobry/Cześć. | *djen **do**bri/cheshch* |
| **Goodbye.** | Do widzenia. | *do vee**dze**nia* |
| **Good morning.** | Dzień dobry. | *djen **do**bri* |
| **Good evening.** | Dobry wieczór. | ***do**bri **vie**choor* |
| **Good night.** | Dobranoc. | *dob**ra**nots* |
| **Yes.** | Tak. | *tak* |
| **No.** | Nie. | *nie* |
| **Please.** | Proszę. | *pro**she*** |
| **Thank you (very much).** | Dziękuję bardzo. | *djen**koo**ye **bard**zo* |
| **You're welcome. /Don't mention it.** | Proszę bardzo/Nie ma za co. | *pro**she **bard**zo/nie ma **za** tso* |
| **I don't know.** | Nie wiem. | *nie viem* |
| **I don't understand.** | Nie rozumiem. | *nie ro**zoo**miem* |
| **I only speak a little bit of Polish.** | Mówię bardzo mało po polsku. | ***moo**vie **bard**zo **ma**wo po **pol**skoo* |
| **Do you speak English?** (m/f) | Czy mówi pan/pani po angielsku? | *chi **moo**vee pan/**pa**nee po an**giel**skoo* |
| **Is there anyone who speaks English?** | Czy ktoś tu mówi po angielsku? | *chi ktosh too **moo**vee po an**giel**skoo* |
| **Pardon? Could you repeat that please?** (m/f) | Słucham?Czy może pan/pani powtórzyć? | *swoo**ham** chi **mo**zhe pan/**pa**nee pof**too**zhich* |
| **More slowly, please.** | Proszę trochę wolniej. | *pro**she **tro**he **vol**niey* |

the basics

| | | |
|---|---|---|
| How do you say it in Polish? | Jak to się mówi po polsku? | *yak to she **moo**vee po **pol**skoo* |
| Excuse me. | Przepraszam | *pshe**pra**sham* |
| I'm sorry. | Przepraszam/przykro mi. | *pshe**pra**sham/**pshik**ro mee* |
| OK, fine./That's all right. | Dobrze/W porządku. | ***do**bzhe/fpo**zhont**koo* |
| I'd like... (m/f) | Chciałbym/chciałabym... | ***hcha**wbim/hcha**wa**bim...* |
| Is there (any)...? | Czy jest...? | *chi yest...* |
| Are there (any)...? | Czy są...? | *chi sow...* |
| Do you have...? (formal, m/f) | Czy ma pan/pani...? | *chi ma pan/**pan**ee* |
| What's this? | Co to jest? | *tso to yest* |
| How much is it? | Ile to kosztuje? | ***ee**le to kosh**too**ye* |
| What time...? | O której godzinie...? | *o **ktoo**rey go**djee**nie* |
| Can I...? | Czy mogę...? | *chi **mo**ge...* |
| Can we...? | Czy możemy...? | *chi mo**zhe**mi...* |
| Where is/are...? | Gdzie jest/są...? | *gdje yest/sow...* |
| Can you... (formal m/f) | Czy może pan/pani... | *chi **mo**zhe pan/**pan**ee* |
|   show me on the map? | pokazać mi na mapie? | *po**ka**zach mee na **ma**pie...* |
|   write it down? | napisać? | *na**pee**sach* |
| Help! | Pomocy! | *po**mo**tsi* |

**the basics**

13

## * numbers

| | | |
|---|---|---|
| 1 | jeden | *yeden* |
| 2 | dwa | *dva* |
| 3 | trzy | *tshi* |
| 4 | cztery | *chteri* |
| 5 | pięć | *piench* |
| 6 | sześć | *sheschch* |
| 7 | siedem | *shedem* |
| 8 | osiem | *oshem* |
| 9 | dziewięć | *djeviench* |
| 10 | dziesięć | *djeshench* |
| 11 | jedenaście | *yedenashche* |
| 12 | dwanaście | *dvanashche* |
| 13 | trzynaście | *tshinashche* |
| 14 | czternaście | *chternashche* |
| 15 | piętnaście | *pietnashche* |
| 16 | szesnaście | *shesnashche* |
| 17 | siedemnaście | *shedemnashche* |
| 18 | osiemnaście | *oshemnashche* |
| 19 | dziewiętnaście | *djevietnashche* |
| 20 | dwadzieścia | *dvadjeshcha* |
| 21 | dwadzieścia jeden | *dvadjeshcha yeden* |
| 22... | dwadzieścia dwa... | *dvadjeshcha dva* |
| 30 | trzydzieści | *tshidjeshchee* |
| 31 | trzydzieści jeden | *tshidjeshchee yeden* |
| 32... | trzydzieści dwa... | *tshidjeshchee dva* |
| 40 | czterdzieści | *chterdjeshchee* |
| 50 | pięćdziesiąt | *piendjeshont* |
| 60 | sześćdziesiąt | *sheshdjeshont* |
| 70 | siedemdziesiąt | *shedemdjeshont* |
| 80 | osiemdziesiąt | *oshemdjeshont* |
| 90 | dziewięćdziesiąt | *djeviendjeshont* |
| 100 | sto | *sto* |

| | | |
|---|---|---|
| 101 | sto jeden | *sto **yed**en* |
| 102... | sto dwa... | *sto dva...* |
| 200 | dwieście | ***dvie**shche* |
| 250 | dwieście pięćdziesiąt | ***dvie**shche pien**dje**shont* |
| 300 | trzysta | ***tshi**sta* |
| 400 | czterysta | ***chte**rista* |
| 500 | pięćset | ***pien**set* |
| 600 | sześćset | ***shesh**set* |
| 700 | siedemset | ***she**demset* |
| 800 | osiemset | ***oshem**set* |
| 900 | dziewięćset | ***dje**vienset* |
| 1,000 | tysiąc | ***ti**shonts* |
| 2,000 | dwa tysiące | *dva **ti**shontse* |
| 3,000 | trzy tysiące | *tshi **ti**shontse* |
| 4,000 | cztery tysiące | ***chte**ri **ti**shontse* |
| 5,000 | pięć tysięcy | *piench **ti**shentsi* |
| 100,000 | sto tysięcy | *sto **ti**shentsi* |
| one million | jeden milion | *yeden **mee**lion* |
| one and a half million | półtora miliona | *poow**to**ra mee**lio**na* |

## ✳ ordinal numbers

| | | |
|---|---|---|
| first | pierwszy | ***pier**fshi* |
| second | drugi | *d**roo**gee* |
| third | trzeci | *t**she**chee* |
| fourth | czwarty | *ch**far**ti* |
| fifth | piąty | ***pion**ti* |
| sixth | szósty | ***shoo**sti* |
| seventh | siódmy | ***shood**mi* |
| eighth | ósmy | ***oo**smi* |
| ninth | dziewiąty | *dje**vion**ti* |
| tenth | dziesiąty | *dje**shon**ti* |

## ✳ fractions

| | | |
|---|---|---|
| a quarter | ćwierć | *chfierch* |
| a half | pół | *poow* |
| three-quarters | trzy czwarte | *tshi chfarte* |
| a third | jedna trzecia | *yedna tshecha* |
| two-thirds | dwie trzecie | *dvie tsheche* |

## ✳ days

| | | |
|---|---|---|
| Monday | poniedziałek | *poniedjawek* |
| Tuesday | wtorek | *ftorek* |
| Wednesday | środa | *shroda* |
| Thursday | czwartek | *chfartek* |
| Friday | piątek | *piontek* |
| Saturday | sobota | *sobota* |
| Sunday | niedziela | *niedjela* |

## ✳ months

| | | |
|---|---|---|
| January | styczeń | *stichen* |
| February | luty | *looti* |
| March | marzec | *mazhets* |
| April | kwiecień | *kfiechen* |
| May | maj | *may* |
| June | czerwiec | *cherviets* |
| July | lipiec | *leepiets* |
| August | sierpień | *sherpien* |
| September | wrzesień | *vzheshen* |
| October | październik | *pazhdjerneek* |
| November | listopad | *leestopat* |
| December | grudzień | *groodjen* |

# ✳ seasons

| | | |
|---|---|---|
| spring | wiosna | *viosna* |
| summer | lato | *lato* |
| autumn | jesień | *yeshen* |
| winter | zima | *zheema* |

# ✳ dates

● First names are usually chosen from a fixed list of Christian saints, which is included on every calendar. The name day always falls on the same day of the year, and is more often celebrated than the actual birthday.

## YOU MAY WANT TO SAY...

| | | |
|---|---|---|
| ● **What day is it today?** | Jaki dzisiaj dzień? | *yakee djeeshay djen* |
| ● **What date is it today?** | Którego dzisiaj mamy? | *ktoorego djeeshay mami* |
| ● **When is... your birthday/ nameday?** | Kiedy są ... twoje urodziny/ imieniny? | *kiedi sow ... tfoye oorodjeeni/ eemieneeni* |
| ● **(It's) the fifteenth of April.** | (Jest) piętnasty kwietnia. | *(yest) pietnasti kfietnia* |
| ● **on the fifteenth of April.** | piętnastego kwietnia. | *pietnastego kfietnia* |

the basics

17

## ✱ telling the time

| | | |
|---|---|---|
| ● What time is it? | Która godzina? | *ktoora godjeena* |
| ● What time does it ... open?/close? | O której ... otwiera się? zamyka się? | *o ktoorey ... otfiera she/ zamika she* |
| start?/finish? | zaczyna się? kończy się? | *zachina she/ konchi she* |
| ● It's... 10 o'clock | Jest ... dziesiąta godzina | *yest ... djeshonta godjeena* |
| midday | południe | *powoodnie* |
| midnight | północ | *poownots* |
| ● At... half past nine | o ... wpół do dziesiątej | *o ... fpoow do djeshontey* |
| quarter past nine | piętnaście (kwadrans) po dziewiątej | *pietnashche (kfadrans) po djeviontey* |
| quarter to ten | za piętnaście (kwadrans) dziesiąta | *za pietnashche (kfadrans) djeshonta* |
| twenty past ten | dwadzieścia po dziesiątej | *dvadjeshcha po djeshontey* |
| twenty-five to ten | za dwadzieścia pięć dziesiąta | *za dvadjeshcha piench djeshonta* |
| precisely ten o'clock | dokładnie o dziesiątej | *dokwadnie o djeshontey* |
| ● In... ten minutes | za... dziesięć minut | *za ... djeshench meenoot* |
| half an hour | pół godziny | *poow godjeeni* |
| an hour | godzinę | *godjeene* |

# ✱ time phrases

| | | |
|---|---|---|
| today | dzisiaj | *djee**shay*** |
| tomorrow | jutro | *yootro* |
| the day after tomorrow | pojutrze | *poyootshe* |
| yesterday | wczoraj | *fchoray* |
| the day before yesterday | przedwczoraj | *pshetfchoray* |
| this morning | dzisiaj rano | *djeeshay rano* |
| this afternoon | dzisiaj po południu | *djeeshay po powoodnioo* |
| this evening | dzisiaj wieczorem | *djeeshay viechorem* |
| tonight | dzisiaj późnym wieczorem | *djeeshay poozhnim viechorem* |
| on Friday | w piątek | *f piontek* |
| on Fridays | w piątki | *f piontkee* |
| every Friday | w każdy piątek | *f kazhdi piontek* |
| every week | co tydzień | *tso tidjen* |
| for... | na ... | *na ...* |
| a week | tydzień | *tidjen* |
| two weeks | dwa tygodnie | *dva tigodnie* |
| two years | dwa lata | *dva lata* |
| a month | miesiąc | *mieshonts* |
| I'm here for two weeks. | Jestem tu na dwa tygodnie. | *yestem too na dva tigodnie* |
| I've been here for a month. | Jestem tu od miesiąca. | *yestem too od mieshontsa* |

| | | |
|---|---|---|
| **I've been learning Polish for two years.** | Uczę się polskiego od dwóch lat. | *ooche she polskiego od dvooh lat* |
| **next...** | w przyszłym ... | *w pshishwim ...* |
| week | tygodniu | *tigodnioo* |
| month | miesiącu | *mieshontsoo* |
| year | roku | *rokoo* |
| **last night** | wczoraj wieczorem | *fchoray viechorem* |
| **last week** | w zeszłym tygodniu | *v zeshwim tigodnioo* |
| **a week ago** | tydzień temu | *tidjen temoo* |
| **a year ago** | rok temu | *rok temoo* |
| **since...** | od ... | *od ...* |
| last week | zeszłego tygodnia | *zeshwego tigodnia* |
| last month | miesiąca | *mieshontsa* |
| last year | zeszłego roku | *zeshwego rokoo* |
| **(in) the morning/ afternoon** | rano/po południu | *rano/po powoodnioo* |
| **in six months' time** | za sześć miesięcy | *za sheshch mieshentsi* |
| **(at) night** | w nocy | *v notsi* |
| **It's...** | Jest ... | *yest ...* |
| early. | wcześnie. | *fcheshnie* |
| late. | późno. | *poozhno* |

# ✳ measurements

| MEASUREMENTS | | |
|---|---|---|
| **centimetres** | centymetry | *tsentimetri* |
| **metres** | metry | *metri* |

| kilometres | kilometry | *keelometri* |
|---|---|---|
| **miles** | mile | *meele* |
| **a litre** | litr | *leetr* |
| **25 litres** | 25 litrów | *25 leetroof* |
| **gramme** | gram | *gram* |
| **100 grammes** | 100 gramów | *100 **gra**moof* |
| **200 grammes** | 200 gramów | *200 **gra**moof* |
| **kilo** | kilo, kilogram | *__kee__lo, keelogram* |

## CONVERSIONS

| | |
|---|---|
| **1km** = *0.62 miles* | **200g** = *7oz* |
| **1 mile** = *1.61 km* | **¼lb** = *113g* |
| **1 litre** = *1.8 pints* | **½ kilo** = *1.1lb* |
| **100g** = *3.5oz* | **½lb** = *225g* |
| **1oz** = *28g* | **1kilo** = *2.2lb* |
| **1lb** = *450g* | |

To convert kilometres to miles, divide by 8 and multiply by 5
e.g. 16 kilometres (16/8 = 2, 2x5 = 10) = 10  miles

For miles to kilometres: divide by 5 and multiply by 8
e.g. 50 miles (50/5 =10, 10x8 = 80) = 80  kilometres

## ✳ clothes and shoe sizes

### women's clothes

| UK | 8 | 10 | 12 | 14 | 16 | 18 | 20 |
|---|---|---|---|---|---|---|---|
| Continent | 36 | 38 | 40 | 42 | 44 | 46 | 48 |

## men's clothes

| UK | 36 | 38 | 40 | 42 | 44 | 46 | 48 |
|----|----|----|----|----|----|----|----|
| Continent | 46 | 48 | 50 | 52 | 54 | 56 | 58 |

## men's shirts

| UK | 14 | 14½ | 15 | 15½ | 16 | 16½ | 17 |
|----|----|-----|----|-----|----|-----|----|
| Continent | 36 | 37 | 38 | 39 | 41 | 42 | 43 |

## shoes

| UK | 3 | 4 | 5 | 6 | 7 | 8 | 9 |
|----|---|---|---|---|---|---|---|
| Continent | 36 | 37 | 38 | 39 | 40 | 41 | 43 |

## ✳ national holidays and festivals

A good website for details of Polish cultural events is
www.culture.poland.com.

| Nowy Rok | *novi rok* | New Year's Day |
| Święto 1-ego Maja | *shfiento pierfshego maya* | May Day: 1 May |
| Dzień Konstytucji | *djen konstitootsee* | Constitution Day: 3 May |
| Wniebowzięcie | *vniebovzhenche* | Assumption 15 August |
| Wszystkich Świętych | *fshistkeeh shfientih* | All Saints Day: 1 November |
| Dzień Niepodległości | *djen niepodlegwoshchee* | Independence Day: 11 November |
| Boże Narodzenie | *bozhe narodzenie* | Christmas Day |
| Wielki Piątek | *vielkee piontek* | Good Friday |
| Wielkanoc | *vielkanots* | Easter |

# general conversation

# * greetings

The most common greeting, dzień dobry (good morning/afternoon), is used from early morning till early evening, after which you say dobry wieczór (good evening). You can use these phrases both formally and informally. A common informal phrase for both greetings and leave-taking, is cześć, (hi, or bye), which is used among friends or when addressing children. Poles often kiss three times on both cheeks on meeting. The formal form pan (when addressing a man) and pani (when addressing a woman) is used when addressing people you don't know very well, or strangers.

## YOU MAY WANT TO SAY...

| | | |
|---|---|---|
| Good morning. | Dzień dobry. | djen **dobri** |
| Good evening. | Dobry wieczór. | **dobri viechoor** |
| Good night. | Dobranoc. | **dobranots** |
| Goodbye. | Do widzenia. | do vee**dze**nia |
| Bye. (informal) | Cześć. | cheshch |
| See you later. | Do zobaczenia. | do zoba**che**nia |
| How are you? | Co słychać? | tso **swi**hach |
| Fine, thanks. | Wszystko w porządku, dziękuję. | **fhsi**stko f po**zhont**koo, djen**koo**ye |
| And you? (formal) (informal) | A u pana/pani? A u ciebie? | a oo **pana**/pa**nee** a oo **che**bie |

# * introductions

- My name is... — Moje nazwisko... — *moye nazveesko...*

- This is... (referring to a man) — To jest ... — *to yest*
  - my husband — mój mąż — *mooy monsh*
  - my son — mój syn — *mooy sin*
  - my boyfriend/ fiancé — mój chłopiec narzeczony — *mooy hwopiets nazhechoni*
  - my male friend — mój kolega — *mooy kolega*

- This is... (referring to a man) — To jest... — *to yest...*
  - Mrs Brown — pani Brown — *panee brown*
  - my wife — moja żona — *moya zhona*
  - my daughter — moja córka — *moya tsoorka*
  - my girlfriend/ fiancée — moja dziewczyna narzeczona — *moya djevchina nazhechona*
  - my female friend — moja koleżanka — *moya kolezhanka*

- Pleased to meet you. — Miło mi... — *meewo mee...*
  - (to m) — pana poznać — *pana poznach*
  - (to f) — panią poznać — *paniow poznach*

# * talking about yourself

- I/We live in... — Mieszkam/ mieszkamy w... — *mieshkam/ mieshkami v...*
  - Edinburgh — Edynburgu — *edinboorgoo*

| | | |
|---|---|---|
| I'm... | Jestem... | *yestem...* |
| English (m/f) | Anglikiem/ Angielką | *angleekiem/ angielkow* |
| Scottish (m/f) | Szkotem/Szkotką | *shkotem/shkotkow* |
| Irish (m/f) | Irlandczykiem/ Irlandką | *eerlantchikiem/ eerlanktow* |
| Welsh (m/f) | Walijczykiem/ Walijką | *valeechikiem/ valeekow* |
| I come from... | Jestem z... | *yestem z...* |
| England | Anglii | *anglee* |
| Ireland | Irlandii | *eerlandee* |
| Scotland | Szkocji | *shkotsee* |
| Wales | Walii | *valee* |
| I'm 25 years old. | Mam dwadzieścia pięć lat. | *mam dvadjeshcha piench lat* |
| He's/she's five years old. | On/ona ma pięć lat. | *on/ona ma piench lat* |
| I'm a... | Jestem... | *yestem...* |
| nurse | pielęgniarką | *pielengniarkow* |
| student (m/f) | studentem/ studentką | *stoodentem/ stoodentkow* |
| I work in/for... | Pracuję w... | *pratsooye v...* |
| a bank | banku | *bankoo* |
| a computer firm | firmie komputerowej | *feermie kompooterovey* |
| I'm unemployed (m/f) | Jestem bezrobotny/a. | *yestem bezrobotni/a* |
| I'm self-employed. | Pracuję dla siebie. | *pratsooye dla shebie* |
| I'm... | Jestem... | *yestem...* |
| married (m) | żonaty | *zhonati* |
| married (f) | mężatką | *menzhatkow* |

general conversation

| divorced (m/f) | rozwiedziony/a | *rozviedjoni/a* |
| separated | w seperacji | *fseperatsee* |
| single (m/f) | wolny/a | *volni/a* |
| a widower/widow | wdowcem/wdową | *vdoftsem/vdovow* |

- I have ... | Mam... | *mam...* |
| three children | troje dzieci | *troye djechee* |
| one brother | jednego brata | *yednego brata* |
| two sisters | dwie siostry | *dvie shostri* |

- I don't have... | Nie mam... | *nie mam...* |
| any children | dzieci | *djechee* |
| any brothers or sisters | braci ani sióstr | *brachee anee shoostr* |

- I'm on holiday here. | Jestem tu na wakacjach/urlopie. | *yestem too na vakatsyah/oorlopie* |

- I'm here on business. | Jestem tu służbowo. | *yestem too swoozhbovo* |

- I'm here with my... | Jestem tu z... | *yestem too z...* |
| family | moją rodziną | *moyow rodjeenow* |
| colleague (m/f) | kolegą/koleżanką | *kolegow/kolezhankow* |

- My husband/son is... | Mój mąż/syn jest... | *mooy monsh/sin yest...* |
| an engineer | inżynierem | *eenzhinierem* |

- My wife/daughter is... | Moja żona/córka jest... | *moya zhona/tsoorka yest...* |
| a teacher | nauczycielką | *naoochichelkow* |

## * asking about other people

- Polish has five forms for 'you': formal male – pan (Mr); formal female – pani (Mrs); 'you' informal singular – ty;

informal plural – wy, and 'you' formal – państwo. In this book
many phrases use the pan/pani form, assuming that this is the
form you would use most often when in Poland.

### YOU MAY WANT TO SAY...

| | | |
|---|---|---|
| **Where do you come from?** | Skąd pan/pani jest? | *skont pan/panee yest* |
| **What's your name?** | Jak się pan/pani nazywa? | *yak she pan/panee naziva* |
| **Are you married?** (m) | Czy pan jest żonaty? | *chi pan yest zhonati* |
| **Are you married?** (f) | Czy pani jest mężatką? | *chi panee yest menzhatkow* |
| **Do you have...** any children? any brothers and sisters? | Czy pan/pani ma... dzieci? braci i siostry? | *chi pan/panee ma... djechee brachee ee shostri* |
| **Do you have a...** (informal) boyfriend? girlfriend? | Czy masz... chłopca? dziewczynę? | *chi mash... hwoptsa djefchine* |
| **How old are you?** (informal) | Ile masz lat? | *eele mash lat* |
| **How old are they?** | Ile oni mają lat? | *eele onee mayow lat* |
| **Is this your...** husband/wife? | Czy to pana/pani... mąż/żona? | *chi to pana/panee... monsh/zhona* |
| **Is this your...** (informal) boyfriend? | Czy to... twój chłopiec? | *chi to... tfooy hwopiets* |

| | | |
|---|---|---|
| **girlfriend?** | twoja dziewczyna? | *tfoya djefchina* |
| **friend** (male/female)**?** | kolega/koleżanka? | *kolega/kolezhanka* |

- **Where are you staying?** | Gdzie się pan/pani zatrzymał/a? | *gdje she pan/panee zatshimaw/a* |
- **Where do you live?** | Gdzie pan/pani mieszka? | *gdje pan/panee mieshka* |
- **What do you do?** | Czym się pan/pani zajmuje? | *chim she pan/panee zaymooye* |

## * chatting

- **I like Poland (very much).** | Polska (bardzo) mi się podoba. | *polska (bardzo) mee she podoba* |
- **It's the first time I've been to Poland** | Jestem w Polsce po raz pierwszy. | *yestem fpolstse po ras pierfshi* |
- **I come to Poland often.** | Często przyjeżdżam do Polski. | *chensto pshiyezhdjam do polskee* |
- **Are you from here?** | Czy pan/pani jest stąd? | *chi pan/panee yest stont* |
- **Have you ever been to... England?** | Czy pan był/pani była w... Anglii? | *chi pan biw/panee biwa v... anglee* |
- **Did you like it?** | Czy podobało się tam? | *chi podobawo she tam* |

## YOU MAY HEAR...

| | | |
|---|---|---|
| Czy podoba się Polska? | *chi podoba she polska* | Do you like Poland? |
| Czy był pan/była pani już w Polsce? | *chi biw pan/biwa panee yoosh fpolstse* | Have you been to Poland before? |
| Do kiedy jest pan/pani tutaj? | *do kiedi yest pan/panee tootay* | When are you here until? |
| Mówi pan/pani bardzo dobrze po polsku. | *moovee pan/panee bardzo dobzhe po polskoo* | You speak Polish very well. |

## ✳ the weather

### YOU MAY WANT TO SAY...

| | | |
|---|---|---|
| It's... | Jest... | *yest...* |
| a beautiful day! | piękny dzień! | *pienkni djen* |
| a beautiful morning! | piękny poranek! | *pienkni poranek* |
| What fantastic weather! | Ale fantastyczna pogoda! | *ale fantastichna pogoda* |
| It's (very)... | Jest (bardzo) | *yest (bardzo)* |
| hot | gorąco | *gorontso* |
| cold | zimno | *zheemno* |
| windy | wietrznie | *vietshnie* |
| cloudy | pochmurno | *pohmoorno* |
| What's the forecast? | Jaka jest prognoza pogody? | *yaka yest prognoza pogodi* |
| It's... | | |
| raining | Pada deszcz. | *pada deshch* |

# ✴ likes and dislikes

- I like...
  football
  strawberries

  Lubię...
  piłkę nożną
  truskawki

  *loobie...*
  *peewke nozhnow*
  *trooskafkee*

- I love...
  the beach
  the mountains

  Uwielbiam...
  plażę
  góry

  *oovielbiam...*
  *plazhe*
  *goori*

- I don't like ...
  the rain
  tomatoes

  Nie lubię...
  deszczu
  pomidorów

  *nie loobie...*
  *deshchoo*
  *pomeedoroof*

- I hate...
  shopping

  Nie znoszę...
  robienia zakupów

  *nie znoshe...*
  *robienia zakoopoof*

- Do you like...
  walking?
  dogs?

  Czy lubi pan/pani...
  wycieczki piesze?
  psy?

  *chi loobee pan/panee...*
  *vichechkee pieshe*
  *psi*

- I like him/her.

  Lubię go/ją.

  *loobie go/yow*

- I don't like him/her.

  Nie lubię go/jej.

  *nie loobie go/yey*

- I don't like it here.

  Nie podoba mi się tutaj.

  *nie podoba mee she tootay*

# ✴ feelings and opinions

- Is everything all right?

  Czy wszystko w porządku?

  *chi fshistko fpozhontkoo*

- Are you happy? (m/f)

  Czy jest pan/pani zadowolony/a?

  *chi yest pan/panee zadovoloni/a*

general conversation

31

- Are you (very)... (m/f)
  - cold?
  - hot?

  Czy jest panu/pani (bardzo)...
  - zimno?
  - gorąco?

  chi yest panoo/panee (bardzo)...
  - zheemno
  - gorontso

- I'm (just)...
  - tired (m/f)
  - bored

  Jestem (tylko)...
  - zmęczony/a
  - znudzony/a

  yestem (tilko)...
  - zmenchoni/a
  - znudzoni/a

- I'm a bit annoyed. (m/f)

  Jestem trochę zirytowany/a.

  yestem trohe ziritovani/a

- I/We think it's...

  - great
  - pathetic
  - funny

  Myślę/myślimy, że jest...
  - wspaniale
  - żałośnie
  - śmiesznie

  mishle/mishleemi zhe yest...
  - fspaniale
  - zhawoshnie
  - shmieshnie

- What do you think of...?

  Co myśli pan/pani o...?

  tso mishlee pan/ panee o...?

- Did you like it?

  Czy podobało się panu/pani?

  chi podobawo she panoo/panee

- I/We thought it was...
  - fantastic
  - awful

  Moim/naszym zdaniem to było...
  - fantastyczne
  - okropne

  moeem/nashim zdaniem to biwo...
  - fantastichne
  - okropne

- Don't you like it?

  Nie podoba się panu/ pani?

  nie podoba she panoo/panee

- What's your favourite (film)?

  Jaki jest pana/pani ulubiony (film)?

  yakee yest pana/ panee ooloobioni (feelm)

- My favourite film is...

  Mój ulubiony film to...

  mooy ooloobioni feelm to...

# ✳ making arrangements

- What are you doing tonight?

  Co pan/pani robi dzisiaj wieczorem?

  *tso pan/panee robee djeeshay viechorem*

- Would you like ...

  Czy ma pan/pani ochotę...

  *chi ma pan/panee ohote...*

    a drink?

    na coś do picia?

    *na tsosh do peecha*

    something to eat?

    na coś do zjedzenia?

    *na tsosh do zyedzenia*

    to come with us?

    pójść z nami?

    *pooyshch z namee*

- Yes, please.

  Tak, proszę.

  *tak proshe*

- No, thank you.

  Nie, dziękuję.

  *nie djenkooye*

- I'd love to.

  Bardzo chętnie.

  *bardzo hentnie*

- What time shall we meet?

  O której się spotykamy?

  *o ktoorey she spotikami*

- Where shall we meet?

  Gdzie się spotykamy?

  *gdje she spotikami*

- See you...

  Do zobaczenia...

  *do zobachenia...*

    later

    później

    *poozhniey*

    at seven

    o siódmej

    *o shoodmey*

- We're looking forward to it.

  Cieszymy się na to.

  *cheshimi she na to*

- Sorry, we already have plans.

  Niestety mamy inne plany.

  *niesteti mami eenne plani*

- Please go away.

  Proszę odejść.

  *proshe odeyshch*

- Leave us alone!

  Proszę nas zostawić w spokoju!

  *proshe nas zostaveech fspokoyoo*

| | | |
|---|---|---|
| **What's your email address?** | Jaki jest pana/pani e-mail? | *yakee yest pana/ panee eemail* |
| **My email address is ... at ... dot com.** | Mój e-mail to ... małpa ... kropka kom. | *mooy eemail to... mawpa ... kropka kom* |

## ✳ useful expressions
(see **essentials**, page 12)

YOU MAY WANT TO SAY...

| | | |
|---|---|---|
| **Congratulations!** | Gratulacje! | *gratoolatsye* |
| **Happy Birthday!** | Wszystkiego najlepszego z okazji urodzin! | *fshistkiego naylepshego zokazee oorodjeen* |
| **Happy Christmas!** | Wesołych Świąt Bożego Narodzenia! | *vesowih shfiont bozhego narodzenia* |
| **Happy New Year!** | Szczęśliwego Nowego Roku! | *shchenshleevego novego rokoo* |
| **Good luck!** | Powodzenia! | *povodzenia* |
| **That's...** | To... | *to...* |
| fantastic! | fantastyczne! | fantastichne |
| terrible! | okropne! | okropne |
| **What a pity!** | Jaka szkoda! | *yaka shkoda* |
| **Bless you!** (after sneezing) | Na zdrowie! | *na zdrovie* |
| **Have a good journey!** | Szczęśliwej podróży! | *shchenshleevey podroozhi* |
| **Cheers!** (thanks/ toast) | Dzięki/Na zdrowie! | *djenkee/na zdrovie* |

# travel&transport

## ✳ arriving in the country

● All visitors should have a full valid passport. For further information www.polishembassy.org.pl and www.polishconsulate.co.uk . The same regulations apply as for other EU countries. The main branch of the Polish Tourist Organisation in Britain is www.visitpoland.org.

### YOU MAY SEE...

| | | |
|---|---|---|
| Odbiór bagażu | **od**bioor ba**ga**zhoo | **baggage reclaim** |
| Odprawa/ | ot**pra**va/ | **customs** |
| Kontrola celna | kon**tro**la **tse**lna | |
| Wyjście | **viy**shche | **exit** |
| Towary do oclenia | **to**vari do ots**le**nia | **goods to declare** |
| Kontrola | kon**tro**la | **passport control** |
| paszportowa | pashpor**to**va | |

### YOU MAY WANT TO SAY...

● I am here...
  on holiday

  on business

Jestem tu...
  na wakacjach/
  urlopie
  służbowo

**ye**stem too...
  na va**ka**tsiah/
  oor**lo**pie
  swoo**zh**bovo

● It's for my own personal use.

To do mojego użytku osobistego.

to do mo**ye**go osobees**te**go oo**zh**itkoo

● I am an EU citizen.

Jestem obywatelem UE.

**ye**stem obiva**te**lem **oo** eh

## YOU MAY HEAR...

| | | |
|---|---|---|
| Paszport proszę. | *pashport proshe* | Your passport please. |
| Jaki jest cel wizyty? | *yakee yest tsel veeziti* | What is the purpose of your visit? |
| Jak długo będzie pan/pani w Polsce? | *yak dwoogo bendje pan/panee f polstse* | How long are you going to stay here? |
| Gdzie zamierza pan/panee pojechać? | *gdje zamiezha pan/ panee poyehach* | Where are you going? |
| Proszę otworzyć... tę torbę/walizkę bagażnik | *proshe otfozhich... te torbe/valeeske bagazhneek* | Please open... this bag/suitcase the boot |
| Proszę pójść ze mną. | *proshe pooyshch ze mnow* | Come along with me please. |

## ✳ directions

## YOU MAY SEE...

| | | |
|---|---|---|
| Aleja | *aleya* | avenue |
| Przystanek autobusowy | *pshistanek aootoboosovi* | bus stop |
| Ścieżka rowerowa | *shcheshka roverova* | cycle path |
| Dworzec Główny | *dvozhets gwoovni* | main station |
| Hala Targowa/Targ | *hala targova/tark* | market place |
| Zakaz parkowania | *zakas parkovania* | no parking |
| Przejście dla pieszych | *psheyshche dla pieshih* | pedestrian/zebra crossing |
| Piesi | *pieshi* | pedestrians |

## directions

| | | |
|---|---|---|
| Własność prywatna | *vwasnoshch privatna* | private property |
| Plac | *plats* | square |
| Stacja/dworzec | *statsia/dvozhets* | station |
| Ulica | *ooleetsa* | street |
| Synagoga | *sinagoga* | synagogue |
| do... | *do...* | to the... |
| Przystanek tramwajowy | *pshistanek tramvayovi* | tram stop |

### YOU MAY WANT TO SAY...

| | | |
|---|---|---|
| ● Excuse me, please. (m/f) | Przepraszam pana/ panią | *psheprasham pana/ paniow* |
| ● Where is... the tourist centre? the station? | Gdzie jest.. informacja turystyczna? dworzec/stacja? | *gdje yest... eenformatsia tooristichna dvozhets/statsia* |
| ● How do we get to the airport? (by transport) | Jak dojechać na lotnisko? | *yak doyehach na lotneesko* |
| ● How do we get to the beach? (on foot) | Jak dojść na plażę? | *yak doyshch na plazhe* |
| ● I'm lost. (m/f) | Zgubiłem/łam się | *zgoobeewem/wam she* |
| ● Is this the right way to... ? | Czy to właściwa droga do ...? | *chi to vwashcheeva droga do...* |
| ● Can you show me on the map, please? | Czy może mi pan/ pani pokazać na mapie? | *chi mozhe mee pan/ panee pokazach na mapie* |

- **Is it far?** Czy to daleko? *chi to daleko*

- **Is there...** Czy jest tu *chi yest too*
  niedaleko... *niedaleko...*

  **an internet café** kawiarenka *kawiarenka*
  **near here?** internetowa? *eenternetova*

- **Where is the** Gdzie jest *gdje yest*
  **nearest...? (m/f)** najbliższy(a)...? *naybleeshshi/a...*

---

## YOU MAY HEAR...

| | | |
|---|---|---|
| Jesteśmy tutaj. | *yesteshmi **too**tay* | We are here. |
| W tamtą stronę/ tamtędy. | *ftamtow **stro**ne/ tam**ten**di* | That way. |
| Prosto. | *prosto* | Straight on. |
| (Trzeba) Skręcić.. w lewo | *(**tshe**ba)sk**re**ncheech **vle**vo* | Turn... left |
| (Trzeba) Iść... do końca ulicy | *(**tshe**ba)eeshch... do **kon**tsa oo**lee**tsi* | Go on... to the end of the street |
| do świateł | *do **shfia**tew* | to the traffic lights |
| (Trzeba)Skręcić w pierwszą... w prawo | *(**tshe**ba)sk**re**ncheech f**pier**show... f**pra**vo* | Take the first on the... right |
| To jest... naprzeciwko... za... obok... | *to yest... napshe**chee**fko... za... **o**bok...* | It's... opposite... behind... next to... |

travel and transport

| | | |
|---|---|---|
| • To bardzo blisko/ daleko. | *to bardzo bleesko/ daleko* | It's very near/far away. |
| • To pięć minut stąd. | *to piench **mee**noot stont* | It's five minutes away. |

## ✱ information and tickets
(see **telling the time**, page 18)

| | | |
|---|---|---|
| • Is there a train/ bus/boat to... today? | Czy dzisiaj jest pociąg/autobus/ prom do ... ? | *chi **djee**shay yest **po**chonk/aoo**to**boos/ prom do ...* |
| • What time is the... next train last train ... to Kraków? | O której godzinie jest... następny pociąg ostatni pociąg ... do Krakowa? | *o **ktoo**rey go**djee**nie yest... na**stem**pni **po**chonk os**tat**nee **po**chonk ... do kra**ko**va* |
| • Do they go often? | Czy często kursują? | *chi **chen**sto koor**soo**yow* |
| • What time does it arrive in...? | O której przyjeżdża do...? | *o **ktoo**rey pshi**ye**zhdja do...* |
| • Do I have to change? | Czy muszę się przesiąść? | *chi **moo**she she **pshe**shonshch* |
| • Which platform for ...? | Z którego peronu do...? | *s**ktoo**rego pe**ro**noo do...* |
| • Where can I buy a ticket? | Gdzie mogę kupić bilet? | *gdje **mo**ge koo**pee**ch **bee**let* |
| • One/two tickets to ... please. | Proszę jeden/dwa bilety do ... . | *pro**she ye**den/dva bee**le**ti do...* |

## information and tickets

| Single. | W jedną stronę. | *v yednow strone* |
| Return. | Powrotny. | *povrotni* |
| For... | Dla... | *dla...* |
| two adults | dwojga dorosłych | *dvoyga doroswih* |
| two children | dwójki dzieci | *dvooykee djechee* |
| a car | na jeden samochód | *na yeden samohoot* |
| I want to reserve... (m/f) | Chciałbym/ chciałabym zarezerwować... | *hchawbim/ hchawabim zarezervovach...* |
| a seat | miejsce | *mieystse* |
| a cabin | kabinę | *kabeene* |
| Is there a supplement? | Czy jest dopłata? | *chi yest dopwata* |
| Is there a discount for... | Czy jest zniżka dla... | *chi yest zneeshka dla...* |
| students? | studentów? | *stoodentoof* |
| senior citizens? | osób starszych? | *osoop starshih* |

### YOU MAY HEAR...

| Odjeżdża o... | *odyezhdja o..* | It leaves at... |
| Przyjeżdża o... | *pshiyezhdja o...* | It arrives at... |
| Kursują co dziesięć minut. | *koorsooyow tso djeshench meenoot* | They go every ten minutes. |
| Trzeba się przesiąść. | *tsheba she psheshonshch* | You have to change. |
| Z peronu numer cztery. | *speronoo noomer chteri* | It's platform number four. |
| Dla palących czy niepalących? | *dla palontsih chi niepalontsih* | Smoking or non-smoking? |

travel and transport

41

| Kiedy chce pan/ pani... | *kiedi htse pan/ panee...* | When do you want to... |
| jechać? | *yehach* | travel? |
| wracać? | *vratsach* | come back? |
| Jest dodatkowa opłata... | *yest dodatkova opwata* | There's a supplement of... |

## ✳ trains

● The Polish train network is very well developed and is operated by the Polish State Railways – PKP. Major European cities are connected by Intercity express trains. There are several types of trains: Intercity, Express, Fast (Pociąg Pospieszny), Local (Pociąg Podmiejski).

(see **information and tickets**, page 40)

### YOU MAY SEE...

| Przedsprzedaż biletów | *pshetspshedash beeletoof* | advance booking |
| Przyjazdy | *pshiyazdi* | arrivals |
| Codziennie | *tsodjennie* | daily |
| Opóźnienie | *opoozhnienie* | delay |
| Odjazdy | *odiazdi* | departure |
| Cel podróży | *tsel podroozhi* | destination |
| Z wyjątkiem niedziel | *z viyontkiem niedjel* | except Sundays |
| Informacja | *eenformatsia* | information |
| Przechowalnia bagażu | *pshehovalnia bagazhoo* | left luggage |

| Schowki na bagaż | shofkee na bagash | luggage lockers |
| Rezerwacje | rezervatsie | reservations |
| Wagon restauracyjny | vagon resta-ooratsiyni | restaurant-car |
| Wagon sypialny | vagon sipialni | sleeping-car |
| Strajk | strayk | strike |
| Pociągi podmiejskie | pochongee podmieyskie | suburban trains |
| Poczekalnia | pochekalnia | waiting room |

## YOU MAY WANT TO SAY...

- **I'd like a single/ return ticket to... please.** | Proszę bilet w jedną stronę/powrotny do... | proshe beelet v yednow strone/ povrotni do...

- **Are there lifts to the platform?** | Czy jest winda na perony? | chi yest veenda na peroni

- **Does this train go to Szczecin?** | Czy ten pociąg jedzie do Szczecina? | chi ten pochonk yedje do shchecheena

- **Excuse me, I've reserved...** | Przepraszam, ale mam zarezerwowane... | psheprasham ale mam zarezervovane...
  - **that seat** | to miejsce | to mieystse
  - **a couchette** | tę kuszetkę | te kooshetke

- **Is this seat taken?** | Czy to miejsce jest wolne? | chi to mieystse yest volne

- **Where are we?** | Gdzie jesteśmy? | gdje yesteshmi

- **Can you tell me when we get to Gdańsk?** | Proszę mi powiedzieć, kiedy będziemy w Gdańsku. | proshe mee poviedjech kiedi bendjemi v gdanskoo

## ✳ buses and coaches
(see **information and tickets**, page 40)

### YOU MAY WANT TO SAY...

- **Does the bus to the airport leave from here?** — Czy autobus na lotnisko odjeżdża stąd? — *chi autoboos na lotneesko odyezhdja stont*

- **What number is it?** — Jaki numer? — *yakee noomer*

- **Does this bus go to...** — Czy ten autobus jedzie... — *chi ten autoboos yedje...*
  the station? — na dworzec? — *na dvozhets*

- **Can you tell me where to get off, please?** — Proszę mi powiedzieć gdzie wysiąść. — *proshe mee poviedjech gdje vishonshch*

- **The next stop, please.** — Następny przystanek, proszę. — *nastempni pshistanek proshe*

- **Can you open the doors, please?** Proszę otworzyć drzwi. *proshe otfozhich djvee*

- Autobus do centrum odjeżdża stąd. *autoboos do tsentroom odyezhdja stont* The bus to the town centre leaves from here.

- Przepraszam, ja tutaj wysiadam. *psheprasham ya tootay vishadam* Excuse me, I'm getting off here.

- Musi pan/pani wysiąść na następnym przystanku. *mooshi pan/panee vishonschch na nastempnim pshistankoo* You have to get off at the next stop.

- Przejechał(a) pan/pani przystanek. *psheyehaw(a) pan/panee pshistanek* You've missed the stop. (m/f)

## ✱ underground

● Currently, the only city with a metro (underground system) is Warsaw. You can use the same ticket for buses and trams.

(see **information and tickets**, page 40)

YOU MAY WANT TO SAY...

- **Do you have a map of the underground?** Czy ma pan/pani mapę metra? *chi ma pan/panee mape metra*

- **Which line is it for the airport?** Którą linią na lotnisko? *ktoorow leeniow na lotneesko*

- **Is this the right stop for... ?** Czy to stacja do...? *chi to statsia do...*

### YOU MAY HEAR...

- Linia numer dwa. *leenia noomer dva* It's line number two.

- Następna stacja. *nastempna statsia* It's the next stop.

- To była ostatnia stacja. *to biwa ostatnia statsia* It was the last stop.

## ✳ boats and ferries
(see **information and tickets**, page 40)

### YOU MAY SEE...

| | | |
|---|---|---|
| Łodzie | *wodje* | boats |
| Kabiny | *kabeeni* | cabins |
| Rejsy | *reysi* | cruises |
| Prom | *prom* | ferry |
| Łódź ratownicza | *wooch ratovneecha* | lifeboat |
| Kamizelka ratownicza | *kameezelka ratovneecha* | life jacket |
| Molo | *molo* | pier |
| Port | *port* | port |
| Przystań | *pshistan* | quay |
| Rejsy po rzece | *reysi po zhetse* | river trips |
| Statek | *statek* | ship |

## YOU MAY WANT TO SAY...

- I'd like a return ticket to..., please.
  Proszę bilet powrotny do...
  *proshe **bee**let po**vrot**ni do...*

- Is there a ferry to... today?
  Czy jest dzisiaj prom/statek do...?
  *chi yest **djee**shay prom/**sta**tek do...*

- Is there wheelchair access?
  Czy jest dostęp dla wózka inwalidzkiego?
  *chi yest **dos**temp dla **voo**ska eenvalee**tski**ego*

- What is the sea like today?
  Jakie dzisiaj jest morze?
  *yakie **djee**shay yest **mo**zhe*

## YOU MAY HEAR...

- Promy/statki kursują...
  *promi/statkee koor**soo**yow...*
  Boats go on...
    - we wtorki i piątki
      *ve **ftor**kee ee **pion**tkee*
      Tuesdays and Fridays
    - co drugi dzień
      *tso **droo**gee djen*
      every other day

- Morze jest...
  *mozhe yest...*
  The sea is...
    - spokojne
      *spo**koy**ne*
      calm
    - wzburzone
      *vzboo**zho**ne*
      choppy

## ✳ air travel
(see **telling the time**, page 18)

- The following cities have airports: Warsaw, Gdańsk, Katowice, Kraków, Poznań, Rzeszów, Szczecin and Wrocław. There are regular flights from Warsaw to any of these cities, and each journey takes about an hour.

travel and transport

47

## YOU MAY SEE...

| | | |
|---|---|---|
| Przyloty | *pshiloti* | arrivals |
| Wejście do samolotu | *veyshche do samolotoo* | boarding |
| Wyjście do samolotu | *viyshche do samolotoo* | boarding gate |
| Wynajmowanie samochodów | *vinaymovanie samohodoof* | car hire |
| Odprawa | *otprava* | check-in |
| Hala odlotów | *hala odlotoof* | departure lounge |
| Odloty | *odloti* | departures |
| Loty krajowe | *loti krayove* | domestic flights |
| Odloty międzynarodowe | *odloti miendzinarodove* | international departures |
| Odbiór bagażu | *odbioor bagazhoo* | luggage reclaim |
| Straż/Ochrona | *strash/ohrona* | security |

## YOU MAY WANT TO SAY...

- I'd like a return ticket to Poznań, please.
  Proszę bilet powrotny do Poznania.
  *proshe beelet povrotni do poznania*

- I want to change/cancel my ticket. (m/f)
  Chciałbym/chciałabym przebukować/anulować mój bilet.
  *hchawbim/hchawabim pshebookovach/anoolovach mooy beelet*

- What time do I/we have to check in?
  Kiedy muszę/musimy przejść przez otprawę?
  *kiedi mooshe/moosheemi psheyshch pshez otprave*

- Is there a delay?
  Czy jest opóźnienie?
  *chi yest opoozhnienie*

- **Which gate is it?**  Które wyjście?  *ktoore viyshche*

- **My luggage hasn't arrived.**  Nie ma mojego bagażu.  *nie ma moyego bagazhoo*

### WORDS TO LISTEN OUT FOR...

| | | |
|---|---|---|
| Wezwanie | *vezvanie* | call |
| Odwołany | *odvowani* | cancelled |
| Lot | *lot* | flight |
| Wyjście | *viyshche* | gate |
| Ostatnie wezwanie | *ostatnie vezvanie* | last call |

## ✳ taxis
(see **directions**, page 37)

### YOU MAY WANT TO SAY...

- **Is there a taxi rank round here?**  Czy jest blisko postój taksówek?  *chi yest bleesko postooy taksoovek*

- **Can you order me a taxi...**  Czy może pan/pani zamówić taksówkę...  *chi mozhe pan/ panee zamooveech taksoofke...*

  immediately.  na teraz  *na teras*
  for tomorrow at nine o'clock.  na jutro na dziewiątą  *na yootro na djeviontow*

- **To this address, please.**  Na ten adres, proszę.  *na ten adres proshe*

- **How much will it cost?**  Ile to będzie kosztować?  *eele to bendje koshtovach*

travel and transport

- **I'm in a hurry.** — Spieszę się. — *spieshe she*

- **Stop here, please.** — Proszę zatrzymać się tutaj. — *proshe zatshimach she tootay*

- **Can you wait for me, please?** — Czy może pan/pani na mnie zaczekać? — *chi mozhe pan/panee na mnie zachekach*

- **I think there's a mistake.** — Chyba jest pomyłka. — *hiba yest pomiwka*

- **Keep the change.** — Reszta dla pana/pani. — *reshta dla pana/panee*

- **Can you give me a receipt?** — Czy mogę dostać paragon? — *chi moge dostach paragon*

### YOU MAY HEAR...

- Dziesięć kilometrów stąd. — *djeshench keelometroof stont* — It's ten kilometres away.

- To będzie około dwadzieścia pięć złotych. — *to bendje okowo dvadjeshcha piench zwotih* — It'll cost about twenty five zlotys.

- Jest dopłata za każdą walizkę. — *yest dopwata za kazhdow valeeske* — There's a supplement for each suitcase.

## \* hiring cars and bicycles

### YOU MAY WANT TO SAY...

- **I'd like to hire... (m/f)** — Chciałbym/ chciałabym wynająć... — *hchawbim/hchawabim vinayonch...*

travel and transport

| | | |
|---|---|---|
| two bicycles | dwa rowery | *dva roveri* |
| a small car | mały samochód | *mawi samohoot* |
| **For one day.** | Na jeden dzień | *na yeden djen* |
| **For...** | Na... | *na...* |
| a week | jeden tydzień | *yeden tidjen* |
| two weeks | dwa tygodnie | *dva tigodnie* |
| **Until...** | Do... | *do...* |
| Friday | piątku | *piontkoo* |
| **How much is it...** | Ile kosztuje... | *eele koshtooye...* |
| per day? | na jeden dzień? | *na yeden djen* |
| per week? | na jeden tydzień? | *na yeden tidjen* |
| **Is kilometrage included?** | Czy płaci się od kilometra? | *chi pwachee she ot keelometra?* |
| **Is insurance included?** | Czy w tym jest ubezpieczenie? | *chi ftim yest oobespiechenie* |
| **My partner wants to drive too. (m/f)** | Mój partner/moja partnerka też chce prowadzić. | *mooy partner/moya partnerka tesh htse provadjeech* |
| **Is there a deposit?** | Czy trzeba zapłacić kaucję ? | *chi tsheba zapwacheech ka-ootsie* |
| **Can I leave the car...** | Czy mogę zostawić samochód... | *chi moge zostaveech samohoot...* |
| at the airport? | na lotnisku? | *na lotneeskoo* |
| in the town centre? | w centrum miasta? | *f tsentroom miasta* |
| **How do the gears work?** | Jak działają biegi? | *yak djawayow biegee* |
| **Can you put the saddle up/down, please?** | Czy można podwyższyć/obniżyć siodełko? | *chi mozhna podvishshich/ obneezhich shodewko* |

## YOU MAY HEAR...

| | | |
|---|---|---|
| Jaki samochód/ rower pan/pani chce? | *yakee samohoot/ rover pan/panee htse* | What kind of car/ bicycle do you want? |
| Na jak długo? | *na yak dwoogo* | For how long? |
| Proszę prawo jazdy. | *proshe pravo yazdi* | Your driving licence, please. |
| Bez limitu kilometrów. | *bez leemeetoo keelometroof* | There's unlimited kilometrage. |
| Czy chce pan/pani dodatkowe ubezpieczenie? | *chi htse pan/panee dodatkove oobespiechenie* | Do you want extra insurance? |
| Jest kaucja sto złotych. | *yest ka-ootsia sto zwotih* | There's a deposit of a hundred zlotys. |
| Proszę zwrócić samochód z pełnym bakiem. | *proshe zvroocheech samohoot s pewnim bakiem* | Please return the car with a full tank. |

## ✳ driving
(see **directions**, page 37)

● The relevant speed limits on Polish roads are: 50km/h for all vehicles in built-up areas; 110km/h on four-lane express roads; 130km/h on motorways. Between October and February headlights must be switched on at all times while driving. Most petrol stations are open 24 hours. Seatbelts are compulsory.

For breakdowns, the nation-wide emergency telephone number is: 981.

## YOU MAY SEE...

| | | |
|---|---|---|
| Parking | *parkeenk* | car park |
| Ścieżka rowerowa | *shcheshka roverova* | bicycle path |
| Niebezpieczeństwo | *niebespiechenstfo* | danger |
| Objazd | *obiazd* | diversion |
| Jedź wolno/ Zwolnij | *yech volno/ zvolneey* | drive slowly |
| Koniec autostrady | *koniets aootostradi* | end of motorway |
| Zjazd | *ziast* | exit |
| Ustąp pierwszeństwa | *oostomp pierfshenstfa* | give way |
| Pojazdy ciężarowe | *poyazdi chenzharove* | heavy goods vehicles |
| Jazda po prawej stronie | *yazda po pravey stronie* | keep right |
| Przejazd kolejowy | *psheyast koleyovi* | level crossing |
| Autostrada | *aootostrada* | motorway |
| Zakaz wjazdu | *zakas viazdoo* | no entry |
| Zakaz wyprzedzania | *zakas vipshedzania* | no overtaking |
| Zakaz parkowania | *zakas parkovania* | no parking |
| Ślepa ulica | *shlepa ooleetsa* | no through road |
| Ulica jednokierunkowa | *ooleetsa yednokieroonkova* | one-way street |
| Pierwszeństwo z prawej strony | *pierfshenstfo s pravey stroni* | priority to the right |
| Droga zamknięta | *droga zamknienta* | road closed |
| Roboty drogowe | *roboti drogove* | road works |
| Szkoła | *shkowa* | school |
| Stacja benzynowa | *statsia benzinova* | service/petrol station |
| Wolno | *volno* | slow |
| Wyłącz silnik | *viwonch sheelneek* | switch your engine off |

## YOU MAY WANT TO SAY...

- **Where is the nearest petrol station?**
  Gdzie jest najbliższa stacja benzynowa?
  *gdje yest naybleeshsha statsia benzinova*

- **Fill it up with...**
  **unleaded**
  **diesel**
  Proszę nalać...
  bezołowiowej
  dizla
  *proshe nalach...*
  *bezowoviovey*
  *deezla*

- **100 zlotys worth of unleaded, please.**
  Proszę bezołowiowej za sto złotych.
  *proshe bezowoviovey za sto zwotih*

- **20 litres of super unleaded, please.**
  Dwadzieścia litrów super proszę.
  *dvadjeshcha leetroof sooper proshe*

- **Can you change the tyre, please?**
  Czy możecie zmienić oponę?
  *chi mozheche zmieneech opone*

- **Where is the air, please?**
  Gdzie jest kompresor?
  *gdje yest kompresor*

## YOU MAY HEAR...

- Jaką pan/pani chce?
  *yakow pan/panee htse*
  What would you like?

- Ile pan/pani chce?
  *eele pan/panee htse*
  How much do you want?

- Proszę klucze.
  *proshe klooche*
  The key, please.

# * mechanical problems

- **My car has broken down.** Samochód mi się zepsuł. *samohoot mee she zepsoow*

- **I've run out of petrol.** Benzyna mi się skończyła. *benzina mee she skonchiwa*

- **I have a puncture.** Mam przebitą oponę. *mam pshebeetow opone*

- **Can you telephone a garage?** Czy można zadzwonić do warsztatu? *chi mozhna zadzvoneech do varshtatoo*

- **Do you do repairs?** Czy robicie naprawy? *chi robeeche napravi*

- **I don't know what's wrong.** Nie wiem, gdzie jest problem. *nie viem gdje yest problem*

- **I think it's the...** Myślę, że to... *mishle zhe to...*
    clutch    sprzęgło    *spshengwo*

- **This doesn't work.** To nie działa. *to nie djawa*

- **Is it serious?** Czy to coś poważnego? *chi to tsosh povazhnego*

- **When will it be ready?** Kiedy to będzie gotowe? *kiedi to bendje gotove*

- **How much will it cost?** Ile to będzie kosztować? *eele to bendje koshtovach*

travel and transport

55

## car parts

### YOU MAY HEAR...

| | | |
|---|---|---|
| Gdzie jest problem? | *gdje yest problem* | What's wrong with it? |
| Nie mam potrzebnych części. | *nie mam potshebnih chenschee* | I don't have the necessary parts. |
| Proszę przyjść w następny czwartek. | *proshe pshiyshch v nastempni chfartek* | Come back next Tuesday. |
| Będzie gotowe... za godzinę w poniedziałek | *bendje gotove... za godjeene fponiedjawek* | It'll be ready... in an hour on Monday |
| Będzie kosztować... | *bendje koshtovach...* | It'll cost... |

## * car parts

### YOU MAY WANT TO SAY...

| | | |
|---|---|---|
| accelerator | pedał gazu | *pedaw gazoo* |
| alternator | alternator | *alternator* |
| back tyre | tylna opona | *tilna opona* |
| battery | akumulator | *akoomoolator* |
| bonnet | maska | *maska* |
| boot | bagażnik | *bagazhneek* |
| brakes | hamulce | *hamooltse* |
| carburettor | gaźnik | *gazhneek* |
| distributor | dystrybutor | *distribootor* |
| engine | silnik | *sheelneek* |
| exhaust pipe | rura wydechowa | *roora videhova* |
| fanbelt | pasek klinowy | *pasek kleenovi* |

| front tyre | przednia opona | *pshednia opona* |
| fuel gauge | paliwomierz | *paleevomiesh* |
| gear box | skrzynia biegów | *skshinia biegoof* |
| gears | biegi | *biegee* |
| headlights | reflektory | *reflektori* |
| ignition | zapłon | *zapwon* |
| indicator | kierunkowskaz | *kieroonkofskas* |
| radiator | chłodnica | *hwodneetsa* |
| rear lights | tylne światła | *tilne shfiatwa* |
| reversing lights | światła cofania | *shfiatwa tsofania* |
| side lights | światła boczne | *shfiatwa bochne* |
| spare tyre | zapasowa opona | *zapasowa opona* |
| spark plugs | świeca zapłonowa | *shfietsa zapwonova* |
| starter motor | rozrusznik | *rozrooshneek* |
| steering wheel | kierownica | *kierovneetsa* |
| windscreen | szyba przednia/okno | *shiba pshednia/okno* |
| windscreen wiper | wycieraczka szyby | *vicherachka shibi* |

## ✳ bicycle parts

| back light | tylne światło | *tilne shfiatwo* |
| chain | łańcuch | *wantsooh* |
| frame | rama | *rama* |
| front light | przednie światło | *pshednie shfiatwo* |
| gears | przerzutki | *pshezhootkee* |
| handlebars | kierownica | *kierovneetsa* |
| inner tube | dętka | *dentka* |

| | | |
|---|---|---|
| pump | pompka | *pompka* |
| saddle | siodełko | *shodewko* |
| spokes | szprychy | *shprihi* |
| tyre | opona | *opona* |
| valve | zawór | *zavoor* |
| wheel | koło | *kowo* |

# accommodation

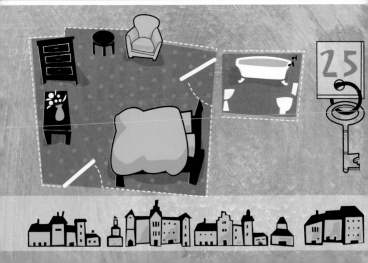

● An increasingly popular way of spending holidays is on rural farms: www.agritourism.pl.

### YOU MAY SEE...

| | | |
|---|---|---|
| Pensjonat | *pensionat* | bed and breakfast |
| Łóżka | *wooshka* | beds |
| Pole namiotowe | *pole namiotove* | campsite |
| Stawka | *stafka* | charge, tariff |
| Woda do picia | *voda do peecha* | drinking water |
| Prąd | *pront* | electricity |
| Wyjście (awaryjne) | *viyshche (avariyne)* | (emergency) exit |
| Garaż | *garash* | garage |
| Parter | *parter* | ground floor |
| Pensjonat | *pensionat* | guest House |
| Pralnia | *pralnia* | laundry |
| Winda | *veenda* | lift |
| Pokój ogólny | *pokooy ogoolni* | lounge |
| Parking | *parkink* | parking |
| Proszę nacisnąć dzwonek | *proshe nacheesnonch dzvonek* | please ring the bell |
| Recepcja | *retseptsia* | reception |
| Restauracja | *restaooratsia* | restaurant |
| Obsługa pokojowa | *opswooga pokoyova* | room service |
| Śmieci | *shmiechee* | rubbish |
| Prysznice | *prishneetse* | showers |
| Toaleta/Ubikacja (męska) | *to-aleta/oobeekatsia (menska)* | toilets (Male) |
| Toaleta/Ubikacja (damska) | *to-aleta/oobeekatsia (damska)* | toilets (Female) |
| Schronisko młodzieżowe | *shroneesko mwodjezhove* | youth hostel |

# ✳ booking in advance
(see **telephones**, page 127; the **internet**, page 129)

(see **telephones**, page 127; the **internet**, page 129)

## YOU MAY WANT TO SAY...

- **Do you have a ...** Czy jest wolny *Chi yest volni*
  **room?** pokój... *pokooy...*
  - **single** jednoosobowy? *yedno-osobovi*
  - **double** dwuosobowy? *dvoo-osobovi*
  - **family** rodzinny? *rodjeenni*
  - **twin-bedded** z dwoma łóżkami? *z dvoma wooshkamee*

- **Do you have...** Czy... *chi*
  - **rooms?** są pokoje? *sow pokoye*
  - **space for a tent?** jest miejsce na *yest mieystse na* namiot? *namiot*

- **I'd like to rent...** Chciałbym/chciałabym *hchawbim/hchawabim* wynająć ... *vinayonch ...*
  - **an apartment** mieszkanie *mieshkanie*
  - **a house** dom *dom*

- **for...** na ... *na ...*
  - **one night** jedną noc *yednow nots*
  - **two nights** dwie noce *dvie notse*
  - **a week** tydzień *tidjen*

- **From ... to...** Od ... do ... *od ... do ...*

- **Only for tonight.** Tylko na dzisiejszą *tilko na djeesheyshow* noc *nots*

- **with...** z ... *z ...*
  - **bath** łazienką *wazienkow*
  - **shower** prysznicem *prishneetsem*

- **It's a two-person** To namiot *to namiot dwoo-* **tent.** dwuosobowy *osobovi*

accommodation

61

- **How much is it...** | Ile kosztuje ... | *eele koshtooye ...*
  - **per night?** | na jedną noc? | *na yednow nots*
  - **per week?** | na tydzień? | *na tidjen*

- **Is there...** | Czy jest ... | *chi yest ...*
  - **a reduction for children?** | zniżka dla dzieci? | *zneeshka dla djechee*
  - **wheelchair access?** | dostęp dla wózka inwalidzkiego? | *dostemp dla vooska eenvaleetskiego*

- **Can I pay by...** | Czy mogę zapłacić ... | *chi moge zapwacheech ...*
  - **credit card?** | kartą kredytową? | *kartow kreditovow*
  - **travellers' cheques?** | czekami podróżnymi? | *chekamee podroozhnimee*

- **What's your e-mail address?** | Jaki jest wasz adres e-mailowy? | *yakee yest vash adres eemeylovi*

---

- W czym mogę pomóc? | *f chim moge pomoots* | **Can I help you?**

- Na ile nocy? | *na eele notsi* | **For how many nights?**

- Na ile osób? | *na eele osoop* | **For how many people?**

- Pokój jednoosobowy czy dwuosobowy? | *pokooy yedno-osobovi chi dwoo-osobovi* | **Single or double room?**

- Z... | *z...* | **With...**
  - łazienką? | *wazhenkow* | **bath?**
  - prysznicem? | *prishneetsem* | **shower?**

accommodation

| | | |
|---|---|---|
| Jak duży jest namiot? | *yak doozhi yest namiot* | **What size is your tent?** |
| Jak się pan/pani nazywa?/pana/pani nazwisko proszę. | *yak she pan/panee naziva/pana/panee nazveesko proshe* | **What's your name, please?** |
| Czy ma pan/pani kartę kredytową? | *chi ma pan/panee karte kreditovow* | **Do you have a credit card?** |
| .... za noc, razem ze śniadaniem | *... za nots razem ze shniadaniem* | **It's ... per night, including breakfast.** |
| Niestety nie mamy wolnych miejsc. | *niesteti nie mami volnih mieysts* | **I'm sorry, we're full.** |

## ✳ checking in

● In Poland you have to fill in a registration card. Many hotels ask you to leave your passport with them for the duration of your stay.

### YOU MAY WANT TO SAY...

| | | |
|---|---|---|
| **I have a reservation for...** | Mam rezerwację na... | *mam rezervatsye na...* |
| tonight | dzisiaj | *djeeshay* |
| two nights | dwie noce | *dvie notse* |
| a week | tydzień | *tidjen* |
| **It's in the name of...** | Na nazwisko... | *na nazveesko...* |
| **I'm paying by credit card.** | Płacę kartą kredytową. | *pwatse kartow kreditovow* |

### YOU MAY HEAR...

| | | |
|---|---|---|
| Czy ma pan/pani rezerwację? | *chi ma pan/panee rezervatsye* | Have you reserved a room/space? |
| Paszport, proszę. | *pashport proshe* | Can I have your passport, please? |
| Jak pan/pani płaci? | *yak pan/panee pwachee* | How are you going to pay? |
| Proszę wypełnić kartę meldunkową. | *proshe vipewneech karte meldoonkovow* | Please fill in the registration card. |

### REGISTRATION CARD INFORMATION

| | | |
|---|---|---|
| Imię | *eemie* | first name |
| Nazwisko | *nazveesko* | surname |
| Adres domowy | *adres domovi* | home address |
| Ulica/Numer | *ooleetsa/noomer* | street/Number |
| Numer kodu pocztowego | *noomer kodoo pochtovego* | postcode |
| Narodowość | *narodovoschch* | nationality |
| Zawód | *zavoot* | occupation |
| Data urodzenia | *data oorodzenia* | date of birth |
| Miejsce urodzenia | *mieystse oorodzenia* | place of birth |
| Numer paszportu | *noomer pashportoo* | passport number |
| Z którego kraju podróżuje | *s ktoorego krayoo podroozhooye* | coming from |
| Do którego kraju podróżuje | *do ktoorego krayoo podroozhooye* | going to |
| Data | *data* | date |
| Podpis | *potpees* | signature |

# ✱ hotels, B&Bs and hostels

● All hotels are classified and range from luxurious to inexpensive. A useful organization is PTTK (www.pttk.com.pl), who maintain hiking routes, mountain huts and hostels.

## YOU MAY WANT TO SAY...

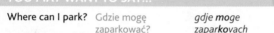

| | | |
|---|---|---|
| ● Where can I park? | Gdzie mogę zaparkować? | *gdje moge zaparkovach* |
| ● Can I see the room please? | Czy można zobaczyć pokój? | *chi mozhna zobachich pokooy* |
| ● Do you have... a room with a view? a bigger room? a cot? | Czy jest ... pokój z widokiem? większy pokój? łóżeczko? | *chi yest ... pokooy z veedokiem vienkshi pokooy woozhechko* |
| ● Is breakfast included? | Czy razem ze śniadaniem? | *chi razem ze shniadaniem* |
| ● What time... is breakfast? do you lock the front door? | O której godzinie ... jest śniadanie? zamyka się drzwi? | *o ktoorey godjeenie... yest shniadanie zamika she djvee* |
| ● Where is the... dining room? bar? | Gdzie jest .... jadalnia? bar? | *gdje yest ... yadalnia bar* |
| ● Is there... an internet connection here? | Czy jest ... dostęp do Internetu? | *chi yest ... dostemp do eenternetoo* |

accommodation

65

### YOU MAY HEAR...

| | | |
|---|---|---|
| Oto numer kodu na parking. | *oto noomer kodoo na parkeenk* | Here's a code for the car park. |
| Być może będziemy mogli zamienić pokój jutro. | *bich mozhe bendjemi moglee zamieneech pokooy yootro* | We might be able to change your room tomorrow. |
| Razem ze śniadaniem/bez śniadania. | *razem ze shniadaniem/bez shniadania* | Breakfast is/isn't included. |
| Śniadanie jest od... do... | *shniadanie yest od... do...* | Breakfast is from... to... |
| Drzwi wejściowe zamykamy o... | *djvee veyshchove zamikami o...* | We lock the front door at... |
| Jest dostęp do internetu... | *yest dostemp do eenternetoo...* | There's an internet connection... |
| w sali konferencyjnej. | *f sali konferentsiyney* | in the business centre. |
| w pokoju. | *f pokoyoo* | in your room. |

## * camping
(see **directions**, page 37)

● There are about 500 campsites throughout Poland. They are divided into three categories: category I usually has a restaurant and showers, while category III offers much less in the way of amenities. Most campsites are open from May to September only. At some you can rent a chalet or a bungalow.

### YOU MAY WANT TO SAY...

- Is there a campsite round here?
Czy jest tu pole kampingowe?
*chi yest too pole kampeengove*

- Can we camp here?
Czy można tu się zatrzymać?
*chi mozhna too she zatshimach*

- It's a two/four person tent.
To jest namiot na dwie/cztery osoby
*to yest namiot na dvie/chteri osobi*

- Where are...
the toilets?
the showers?
Gdzie są ...
toalety?
prysznice?
*gdje sow ...
to-aleti
prishneetse*

- Do we pay extra for the showers?
Czy jest opłata za prysznice?
*chi yest opwata za prishneetse*

- Do I need to use tokens for the showers?
Czy trzeba mieć żetony do prysznica?
*chi tsheba miech zhetoni do prishneetsa*

- Is this drinking water?
Czy ta woda jest zdatna do picia?
*chi ta voda yest zdatna do peecha*

- Where's there an electric point?
Gdzie jest gniazdko (elektryczne)?
*gdje yest gniastko (elektrichne)*

### YOU MAY HEAR...

| | | |
|---|---|---|
| Najbliższe pole kampingowe jest ... | *naybleeshshe pole kampeengove yest ...* | The nearest campsite is... |
| pięć kilometrów stąd | *piench keelometroof stont* | five kilometres away |
| w następnej miejscowości | *v nastempney mieystsovoshchee* | in the next village |

accommodation

67

| | | |
|---|---|---|
| Tu nie można się zatrzymać. | *too nie mozhna she zatshimach* | You can't camp here. |
| Jest opłata... za prysznic. | *yest opwata... za prishneets* | It's... for a shower. |
| Gniazdko jest tam. | *gniastko yest tam* | The electric point is over there. |

## ✳ requests and queries

| | | |
|---|---|---|
| Are there any messages for me? | Czy jest dla mnie jakaś wiadomość? | *chi yest dla mnie yakash viadomoshch* |
| I'm expecting... a phone call a fax | Czekam na ... telefon faks | *chekam na ... telefon fax* |
| Can I... leave this in the safe? put it on my room bill? | Czy mogę ... zostawić to w sejfie? dodać to do rachunku? | *chi moge ... zostaveech to f seyfyeh dodach to do rahoonkoo* |
| Can you... give me my things from the safe? order me a taxi? | Czy może mi pan/pani ... dać moje rzeczy z sejfu? zamówić dla mnie taksówkę? | *chi mozhe mee pan/panee... dach moye zhechi s seyfoo zamooveech dla mnyeh taxooffke* |
| Do you have... a babysitting service? | Czy jest ... możliwość dostania opiekunki do dziecka? | *chi yest ... mozhleevoshch dostania opyekoonkee doh djetska* |

- **I need...**    Potrzebuję ...    *potshebooye ...*
  - **another pillow**    jeszcze jedną poduszkę    *yeshche yednow podooshke*
  - **an adaptor**    rozgałęziacz do prądu    *rozgawenzhach do prondoo*

- **I've lost my key.**    Zgubiłem/łam klucz.    *zgoobeewem/wam klooch*

### YOU MAY HEAR...

- Jest dla pana/pani wiadomość/faks.    *yest dla pana/panee viadomoshch/fax*    There's a message/fax for you.

- Czy chciałby pan/chciałaby pani zamówić budzenie?    *chi hchawbi pan/hchawabi panee zamooveech boodzenie*    Do you want a wake up call?

- Na którą godzinę?    *na ktoorow godjeene*    (For) what time?

- Chwileczkę, proszę.    *hfeelechke proshe*    Just a moment, please.

## * problems and complaints

| | | |
|---|---|---|
| Excuse me. | Przepraszam. | *pshe**prasham*** |
| The room is... | Pokój jest... | *po**kooy** yest ...* |
| too hot | za ciepły | *za **chep**wi* |
| too cold | za zimny | *za **zheem**ni* |
| too small | za mały | *za **ma**wi* |
| too noisy | W pokoju słychać hałas | *f po**koyoo** **swi**hach **ha**was* |
| There isn't any... | Nie ma... | *nyeh ma ...* |
| toilet paper | papieru toaletowego | *pa**pye**roo to-ale**to**vego* |
| hot water | ciepłej wody | ***chep**wey **vo**di* |
| There aren't any... | Nie ma ... | *nyeh ma ...* |
| towels | ręczników | *rench**nee**koof* |
| soap | mydła | ***mid**wa* |
| I can't... | Nie mogę ... | *nyeh **mo**ge ...* |
| open the window | otworzyć okna | *ot**fo**zhich **ok**na* |
| turn the tap off | zakręcić kurka | *zakren**cheech** **koor**ka* |
| The bed is uncomfortable. | Łóżko jest niewygodne. | ***woosh**ko yest nyehvi**go**dne* |
| The bathroom is dirty. | Łazienka jest brudna. | *wa**zhen**ka yest **broo**dna* |
| The toilet doesn't flush. | Spłuczka w toalecie nie działa. | *spwoo**chka** f to-a**le**che nyeh **dja**wa* |
| The washbasin is blocked. | Umywalka jest zablokowana. | *oomi**val**ka yest zabloko**va**na* |

| | | |
|---|---|---|
| • **The light/key doesn't work.** | Światło/klucz nie działa. | *shfiatwo/klooch nie djawa* |
| • **The shower is not working.** | Prysznic nie działa. | *prishneets nyeh djawa* |
| • **There's a smell of gas.** | Czuć gaz. | *chooch gas* |
| • **The washing machine is leaking.** | Pralka cieknie. | *pralka cheknyeh* |
| • **I want to see the manager!** | Chcę rozmawiać z kierownikiem! | *htse rozmaviach s kierovneekiem* |

### YOU MAY HEAR...

| | | |
|---|---|---|
| • Zaraz przyniosę drugi. | *zaras pshiniose droogee* | I'll bring you another one immediately. |
| • Jutro zreperuję. | *yootro zreperooye* | I'll fix it for you tomorrow. |
| • Przykro mi, ale dzisiaj to niemożliwe. | *pshikro mee ale djeeshay to niemozhleeve* | I'm sorry, it's not possible today. |
| • To nie mój problem. | *to nie mooy problem* | That's not my problem. |
| • To nie nasza odpowiedzialność. | *to nie nasha otpoviedjalnoshch* | We aren't responsible. |

## * checking out

- I'd like to...
  pay the bill
  stay another
  night

  Czy mogę ...
  zapłacić?
  zostać jeszcze
  jedną noc?

  chi moge...
  zapwacheech
  zostach yeshche
  yednow nots

- What time is
  check out?

  O której trzeba się
  wymeldować?

  o ktoorey tsheba she
  vimeldovach

- Can I...
  have a late
  check out?
  leave my
  luggage here?

  Czy można ...
  wymeldować się
  później?
  zostawić bagaż
  tutaj?

  chi mozhna ...
  vimeldovach she
  poozhney
  zostaveech bagash
  tootay

- There's a mistake
  in the bill.

  Jest błąd w rachunku.

  yest bwond f
  rahoonkoo

- I/We've had a
  great time here.

  Bardzo tu się mi/nam
  podobało.

  bardzo too she mee/
  nam podobawo

| | | |
|---|---|---|
| Wymeldowanie jest o godzinie .... | vimeldovanie yest o godjeenie ... | Check out is at... |
| Ile sztuk bagażu? | eele shtook bagazhoo | How many bags? |
| Proszę zostawić je tutaj. | proshe zostaveech ye tootay | Leave them here. |
| Niech sprawdzę. | nyeh spravdze | Let me check it. |

accommodation

72

# ✳ self-catering/second homes
(see **problems and complaints**, page 70)

(see **problems and complaints**, page 70)

## YOU MAY WANT TO SAY...

| | | |
|---|---|---|
| My name is... | Nazywam się... | *nazivam she* |
| We're in number... | Jesteśmy pod numerem... | *yesteshmi pod noomerem...* |
| Where is... the fuse box? the stopcock? | Gdzie jest... bezpiecznik? kurek? | *gdje yest... bespiechneek koorek* |
| How does the... cooker hot water ...work? | Jak działa... kuchenka? ciepła woda? | *yak djawa... koohenka chepwa voda* |
| Is there... air-conditioning? | Czy jest... klimatyzacja? | *chi yest... kleematizatsia* |
| Are there... any more blankets? | Czy jest... więcej kocy? | *chi yest... vientsey kotsi* |
| Where do I/we put the rubbish? | Gdzie można zostawić śmieci? | *gdje mozhna zostaveech shmiechee* |
| Can I borrow... a corkscrew? a hammer? | Czy mogę pożyczyć... korkociąg? młotek? | *chi moge pozhichich... korkochonk mwotek* |
| We need... a plumber an electrician | Potrzebujemy... hydraulika elektryka | *potshebooyemi... hidraooleeka elektrika* |

accommodation

73

- **How can I contact you?** Jak można się z wami skontaktować? *yak mozha she z vamee skontaktovach*

- **What shall we do with the key when we leave?** Co zrobić z kluczem jak będziemy wyjeżdżać? *tso zrobeech s kloochem yak bendjemi viyezhdjach*

### YOU MAY HEAR...

| | | |
|---|---|---|
| Instrukcje są koło kuchenki/boilera. | *eenstrooktsye sow kowo koohenkee/ boilera* | The instructions are by the cooker/ boiler. |
| To działa tak. | *to djawa tak* | It works like this. |
| Trzeba nacisnąć ten przycisk. | *tsheba nacheesnonch ten pshicheesk* | Press this button/ switch. |
| Dodatkowe koce/ poduszki są w szafie. | *dodatkove kotse/ podooshkee sow f shafie* | There are spare blankets/pillows in the cupboard. |
| Śmieci są wybierane w... | *shmiechee sow vibierane v...* | The rubbish is collected on... |
| Sprzątaczki przychodzą w ... | *spshontachkee pshihodzow w...* | The cleaner comes on... |
| Numer mojej komórki to ... | *noomer moyey komoorkee to...* | My mobile number is... |
| Proszę zostawić klucz ... | *proshe zostaveech klooch...* | Give the key to... |
| u mnie | *oo mnie* | me |
| u sąsiada | *oo sowshada* | the neighbour |

# food&drink

## food and drink

● Polish cuisine is a reflection of many different East European influences. There is a wide choice of restaurants and eating places offering an international range of good food, including vegetarian dishes.

● There are three meals in Poland: breakfast (śniadanie), lunch (obiad), traditionally the main meal, eaten any time between 1pm and 5pm, and supper (kolacja). Evening meals in a restaurant tend to be eaten early.

### YOU MAY SEE...

| | | |
|---|---|---|
| Kawiarnia | *Kaviarnia* | café |
| Lodziarnia | *lodjarnia* | ice cream parlour |
| Bar na świeżym powietrzu | *bar na shfiezhim povietshoo* | outdoor bar |
| Miejsce na piknik | *mieystse na peekneek* | picnic area |
| Pub | *pap* | pub |
| Restauracja | *resta-ooratsia* | restaurant |
| Kurczak z rożna na wynos | *koorchak z rozhna na vinos* | roast chicken takeaway |
| Restauracja z owocami morza | *resta-ooratsia z ovotsamee mozha* | seafood restaurant |
| Zestaw | *zestaf* | set menu |
| Bar szybkiej obsługi | *bar shipkiey opswoogee* | snack bar |
| Jedzenie na wynos | *yedzenie na vinos* | take-away food |
| Herbaciarnia | *herbacharnia* | tearoom |
| Taras | *taras* | terrace |
| Toalety | *to-aleti* | toilets |

food and drink

# * making bookings
(see **time phrases**, page 19)

(see **time phrases**, page 19)

## YOU MAY WANT TO SAY...

| | | |
|---|---|---|
| I'd like to reserve a table for... | Chciałbym/ chciałabym zarezerwować stolik ... | hchawbim/ hchawabim zarezervovach stoleek ... |
| two people | dla dwóch osób | dla dvooh osoop |
| two adults and three children | dla dwojga dorosłych i trójki dzieci | dla dvoyga doroswih ee trooykee djechee |
| this evening at nine o'clock | na dzisiaj wieczór na dziewiątą | na djeeshay viechoor na djeviontow |
| My name is... | Moje nazwisko... | moye nazveesko... |
| Could you get us a table... | Czy znajdzie się stolik na... | chi znaydje she stoleek na.... |
| earlier? | trochę wcześniej? | trohe fcheshniey |
| later? | trochę później? | trohe poozhniey |

## YOU MAY HEAR...

| | | |
|---|---|---|
| Na którą godzinę ma być stolik? | na ktoorow godjeene ma bich stoleek | What time would you like the table for? |
| Na ile osób? | na eele osoop | For how many people? |
| Jakie nazwisko? | yakie nazveesko | What's your name? |
| Niestety nie mamy nic wolnego. | niesteti nie mami neets volnego | I'm sorry, we're fully booked. |

food and drink

77

# ∗ at the restaurant

 ● A traditional Polish meal consists of: a starter (often soup), a main dish, and dessert. Cheaper restaurants often serve set meals (zestaw). Some typical Polish dishes are: befsztyk tatarski (raw minced beef with seasoning), pierogi (stuffed dumplings), and barszcz (beetroot soup).

## YOU MAY WANT TO SAY...

| | | |
|---|---|---|
| ● I've booked a table. | Mam zarezerwowany stolik. | *mam zarezervovany stoleek* |
| ● We haven't booked. | Nie mamy rezerwacji. | *nie mamy rezervatsee* |
| ● Have you got a table for four, please? | Czy macie stolik na cztery osoby? | *chi mache stoleek na chteri osobi* |
| ● Outside, if possible. | Na zewnątrz, jeżeli można. | *na zevnonch yezhelee mozhna* |
| ● Have you got a high chair? | Czy macie wysokie krzesełko? | *chi mache visokie kshesewko* |
| ● How long's the wait? | Jak długo trzeba czekać? | *yak dwoogo tsheba chekach* |
| ● Do you take credit cards? | Czy przyjmujecie karty kredytowe? | *chi pshiymooyeche karti kreditove* |

food and drink

## YOU MAY HEAR... ②

| | | |
|---|---|---|
| Czy jest zarezerwowany stolik? | *chi yest zarezervovani stoleek* | Have you got a reservation? |
| Przepraszamy, niestety... | *psheprashami niesteti...* | I'm sorry we're ... |
| nie ma wolnego stolika | *nie ma volnego stoleeka* | full |
| już zamykamy | *yoosh zamikami* | closing |
| Przyjmujemy karty kredytowe. | *pshiymooyemi karti kreditove* | We accept credit cards. |
| Nie przyjmujemy kart kredytowych. | *nie pshiymooyemi kart kreditovih* | We don't accept credit cards. |

## ✳ ordering your food

● You can come across three different words for 'menu': karta, menu, jadłospis. To call a waiter you simply say proszę pana, (to a man), or proszę pani (to a woman). To order something, you can start by saying: dla mnie proszę... 'I'd like to have...'.

## YOU MAY WANT TO SAY... 💬

| | | |
|---|---|---|
| **Excuse me!** | Przepraszam/proszę pana/proszę pani! | *psheprasham/proshe pana/proshe panee* |
| **The menu, please.** | Proszę menu. | *proshe meniu* |
| **Do you have...** | Czy są ... | *chi sow...* |
| a children's menu? | zestawy dla dzieci? | *zestavi dla dziechee* |
| vegetarian food? | dania wegetariańskie? | *dania vegetarianskie* |

food and drink

79

- **We're ready to order.** — Chcielibyśmy zamówić. — *hcheleebishmi zamooveech*

- **Can I have...?** — Czy mogę prosić...? — *chi moge prosheech*

- **I'd like...** — Poproszę... — *poproszę...*
  - **for starters** — jako przystawki — *yako pshistafkee*
  - **for the main course** — na drugie danie — *na droogie danie*
  - **for dessert** — na deser — *na deser*

- **Does that come with vegetables?** — Czy są do tego jarzyny? — *chi sow do tego yazhini*

- **What's this, please?** — Co to jest? — *tso to yest*

- **What are today's specials?** — Jaka jest specjalność dnia? — *yaka yest spetsialnoshch dnia*

- **What's the local speciality?** — Jaka jest tu specjalność regionalna? — *yaka yest too spetsialnoshch regionalna*

- **I'll have the same as him/her/them.** — Dla mnie to samo co dla niego/niej/nich. — *dla mnie to samo tso dla niego/niey/neeh*

- **I'd like it rare/medium/well done, please.** — Poproszę krwisty/średnio wysmażony/dobrze wysmażony. — *proshe krfeesti/shrednio vismazhoni/dobzhe vismazhoni*

- **Excuse me, I've changed my mind. (m/f)** — Przepraszam bardzo, ale zmieniłem/łam zdanie. — *psheprasham bardzo ale zmieneewem/wam zdanie*

### YOU MAY HEAR...

- Czy już się państwo zdecydowali? — *chi yoosh she panstfo zdetsidovalee* — **Are you ready to order?**

| Polecamy... | *poletsami* | **We recommend...** |
| Przepraszam, ale tego już nie mamy. | *psheprasham ale tego yoosh nie mami* | **I'm sorry, that's finished.** |
| Czy coś jeszcze? | *chi tsosh yeshche* | **Anything else?** |
| Jak to przygotować? | *yak to pshigotovach* | **How would you like it cooked?** |

## ✳ ordering your drinks

● Vodka (wódka) has always been a traditional Polish drink, but many places also offer a good choice of wines and beer. Generally, lager is piwo jasne, and dark beer piwo ciemne. To order half a pint, say 'small beer' (małe piwo), and for a pint say 'large beer' (duże piwo). Tea (herbata) and coffee (kawa) are usually drunk black, so specify if you want it with milk (z mlekiem). Other popular Polish drinks are: kefir (yoghurt-based), maślanka (buttermilk) and kwaśne mleko (sour milk). In certain regions you can get kwas (a soft drink made from fermented bread).

### YOU MAY WANT TO SAY...

| **A bottle of this, please.** | Butelkę tego proszę. | *bootelke tego proshe* |
| **Half a litre of this, please.** | Pół butelki tego proszę. | *poow bootelkee tego proshe* |
| **A glass of the ... please.** | Kieliszek ... tego proszę. | *kieleeshek ... tego proshe* |

food and drink

81

- **What beers do you have?** — Jakie są piwa? — *yakie sow peeva*

- **Is that a bottle or draught?** — Czy to jest z butelki czy z beczki? — *chi to yest z bootelkee chi z bechkee*

- **Can I have...** — Proszę... — *proshe...*
  **a whisky?** — whisky — *wiski*
  **a vodka and coke?** — wódkę z colą — *vootke s kolow*

- **Do you have any liqueurs?** — Czy są jakieś likiery? — *chi sow yakiesh leekieri*

- **A bottle of mineral water, please.** — Proszę butelkę wody mineralnej. — *proshe bootelke vodi meeneralney*

- **What soft drinks do you have?** — Jakie są napoje bezalkoholowe? — *yakie sow napoje bezalkoholove*

### YOU MAY HEAR...

- Czy ma być w karafce? — *chi ma bich f karaftse* — Do you want a carafe?

- Z lodem i z cytryną? — *z lodem ee s tsitrinow* — Ice and lemon?

- Gazowaną czy niegazowaną? — *gazovanow chi niegazovanow* — Sparkling or still water?

- Dużą czy małą butelkę? — *doozhow chi mawow bootelke* — A large or small bottle?

food and drink

82

# ✻ bars and cafés

- I'll have...
  a coffee
  a white coffee
  (a cup of) tea
  ...please.

  Proszę...
  kawę
  białą kawę
  herbatę

  *proshe...*
  *kave*
  *biawow kave*
  *herbate*

- with milk/lemon

  z mlekiem/cytryną

  *z mlekiem/tsitrinow*

- A glass of...
  tap water
  wine

  szklankę...
  wody z kranu
  Kieliszek wiṇa

  *shklanke...*
  *vodi s kranoo*
  *kieleeshek veena*

- No ice, thanks.

  Bez lodu.

  *bez lodoo*

- A bottle of water, please.

  Butelkę wody proszę.

  *bootelke vodi proshe*

- A piece of...
  chocolate cake, please.

  Proszę kawałek...
  tortu
  czekoladowego.

  *proshe kavawek...*
  *tortoo*
  *chekoladovego*

- A portion of...
  mushrooms

  Proszę porcję...
  grzybów.

  *proshe portsie...*
  *gzhiboof*

- What kind of...
  sandwiches do you have?

  Jakie macie...
  kanapki?

  *yakie mache...*
  *kanapkee*

- Is there any...
  ketchup?
  salt and pepper?

  Czy jest...
  keczup?
  sól i pieprz?

  *chi yest...*
  *kechoop*
  *sool ee piepsh*

- How much is that?

  Ile to kosztuje?

  *eele to koshtooye*

## YOU MAY HEAR...

| | | |
|---|---|---|
| Co podać? | *tso podach* | What can I get you? |
| Duże czy małe? | *doozhe chi mawe* | Large or small? |
| Już podaję. | *yosh podaye* | Right away. |
| Czy płacą państwo razem czy osobno? | *chi pwatsow panstfo razem chi osobno* | Are you paying together or separately? |

# ✳ comments and requests

## YOU MAY WANT TO SAY...

| | | |
|---|---|---|
| This is delicious! | To pyszne! | *to pishne* |
| Can I/we have more... | Czy mogę/możemy prosić więcej... | *chi moge/mozhemi prosheech vientsey...* |
| bread, please? | chleba? | *hleba* |
| water, please? | wody? | *vodi* |
| Can I/we have... | Czy mogę/możemy prosić... | *chi moge/mozhemi prosheech...* |
| another bottle of wine? | jeszcze jedną butelkę wina? | *yeshche yednow bootelke veena* |
| another glass? | jeszcze jeden kieliszek? | *yeshche yeden kieleeshek* |
| I can't eat another thing. | Już nie mogę więcej zjeść. | *yoosh nie moge vientsey zyeshch* |

## YOU MAY HEAR...

| | | |
|---|---|---|
| Czy wszystko w porządku? | *chi fshistko f pozhontkoo* | Is everything all right? |

| | | |
|---|---|---|
| Czy smakowało panu/pani/państwu? | *chi smakovawo panoo/ panee/panstfoo* | Did you enjoy your meal? |

## ✱ special requirements

● There are two words for a person who is vegetarian (wegetarianin): jarosz (for a man) and wegatarianka (for a woman). Vegetarian dishes in a restaurant come under dania jarskie, or dania bez mięsa. Other requirements such as halal food, or organic food have not entered the mainstream in Polish language and culture.

### YOU MAY WANT TO SAY...

| | | |
|---|---|---|
| ● I'm diabetic. | Jestem cukrzykiem. | *yestem tsookshikiem* |
| ● I'm allergic to... | Jestem uczulony na... | *yestem oochooloni na...* |
|   cow's milk | mleko krowie | *mleko krovie* |
|   MSG | glutaminian sodu | *glootameenian sodoo* |
|   shellfish | małże | *mawzhe* |
| ● I can't eat... | Nie mogę jeść... | *nie moge yeshch...* |
|   dairy products | nabiału | *nabiawoo* |
|   wheat products | produktów pszenicznych | *prodooktoof psheneechnih* |
| ● Do you have... food? | Czy jest jedzenie... | *chi yest yedzenie...* |
|   kosher | koszerne? | *kosherne* |
|   low fat | niskotłuszczowe? | *neesko twooshchove* |
| ● Do you have anything without... | Czy jest coś bez... | *chi yest tsosh bez...* |
|   meat? | mięsa? | *miensa* |

food and drink

85

- **Is that cooked with...**    Czy to jest...    *chi to yest*
  - **butter?**    na maśle?    *na mashle*
  - **garlic?**    z czosnkiem?    *s chosnkiem*

- **Does that contain...**    Czy są w tym...    *chi sow ftim...*
  - **nuts?**    orzeszki?    *ozheshkee*

---

### YOU MAY HEAR...

- Sprawdzę w kuchni.    *spravdze f koohnee*    **I'll check with the kitchen.**

---

## ✳ problems and complaints

### YOU MAY WANT TO SAY...

- **Excuse me.**    Przepraszam.    *psheprasham*

- **This is...**    To jest...    *to yest...*
  - **cold**    zimne    *zheemne*
  - **underdone**    niedogotowane    *niedogotovane*
  - **burnt**    przypalone    *pshipalone*

- **I didn't order this.**    Ja tego nie zamówiłem/łam.    *ya tego nie zamooveewem/wam*
  (m/f)

- **Is our food coming soon?**    Czy nasze jedzenie jest już gotowe?    *chi nashe yedzenie yest yoosh gotove*

## ✳ paying the bill

### YOU MAY WANT TO SAY...

**86**

- **The bill, please.**    Proszę rachunek.    *proshe rahoonek*

food and drink

- **Is service included?** — Czy obsługa jest wliczona? — *chi opswooga yest vleechona*

- **There's a mistake here.** — Tu jest pomyłka. — *too yest pomiwka*

- **That was fantastic, thank you very much.** — Jedzenie było fantastyczne, dziękujemy bardzo. — *yedzenie biwo fantastichne djenkooyemi bardzo*

### YOU MAY HEAR...

- Obsługa nie jest wliczona. — *opswooga nie yest vleechona* — **Service isn't included.**

- Przepraszam, ale przyjmujemy tylko gotówkę. — *psheprasham ale pshiymooyemi tilko gotoofke* — **Sorry, we only accept cash.**

## ✳ buying food

### YOU MAY WANT TO SAY...

- **I'd like... please.** — Proszę... — *proshe...*
  - a kilo (of ...) — kilo... — *keelo...*
  - half a kilo (of ...) — pół kilo... — *poow keelo...*
  - a piece of that — kawałek — *kavawek*
  - two slices of that — dwa plasterki — *dva plasterkee*

- **How much is that?** — Ile kosztuje to? — *eele koshtooye to*
  - a kilo of cheese? — kilogram sera? — *keelogram sera*

- **What's that?** — Co to jest? — *tso to yest*

food and drink

- **Have you got...** Czy jest... *chi yest...*
   **any bread?** chleb? *hlep*
   **any more?** więcej? *vientsey*

- **A bit more/less** Proszę trochę więcej/ *proshe trohe vientsey/*
   **please.** mniej. *mniey*

- **That's enough,** Wystarczy, dziękuję. *vistarchi djenkooye*
   **thank you.**

- **That's all.** To wszystko. *to fshistko*

- **I'm looking for the** Szukam działu z...
   **... section.** *shookam djawoo z...*
   **dairy** nabiałem
   **fruit and** warzywami i *nabiawem*
   **vegetable** owocami *vazhivamee ee*
   *ovotsamee*

---

### YOU MAY HEAR...

| | | |
|---|---|---|
| W czym mogę pomóc? | *fchim moge pomoots* | Can I help you? |
| Co dla pana/pani? | *tso dla pana/panee* | What would you like? |
| Ile pan/pani chce? | *eele pan/panee htse* | How much would you like? |
| Ile pan/pani chce? | *eele pan/panee htse* | How many would you like? |
| Niestety już nie ma. | *niesteti yoosh nie ma* | I'm sorry, we've sold out. |
| Czy coś jeszcze? | *chi cosh yeshche* | Anything else? |

food and drink

# menu reader

## GENERAL

| | | |
|---|---|---|
| Aperitify | *apereeteefi* | aperitifs |
| Śniadanie | *shniadanie* | breakfast |
| Obiad | *obiat* | dinner |
| Danie dnia | *danie dnia* | dish of the day |
| Specjalność zakładu | *spetsialnoshch zakwadoo* | house special |
| Obiad | *obiat* | lunch |
| Obsługa (nie) wliczona | *opswooga (nie) vleechona* | service (not) included |
| Zestawy | *zestavi* | set dishes |
| Przekąski/Zakąski | *pshekonskee/ zakonskee* | snacks |
| Typowe dania | *tipove dania* | typical dishes |
| VAT wliczony | *vat vleechoni* | tax included |
| Przyjmujemy karty kredytowe | *pshiymooyemi karti kreditove* | we accept credit cards |
| Nie przyjmujemy kart kredytowych | *nie pshiymooyemi kart kreditovih* | we don't accept credit cards |

## DRINKS

| | | |
|---|---|---|
| butelka | *bootelka* | bottle |
| winiak | *veeniak* | brandy |
| piwo | *peevo* | beer |
| bezalkoholowe | *bezalkoholove* | alcohol-free |
| z butelki | *z bootelkee* | bottled |
| ciemne | *chemne* | dark |
| z beczki | *z bechkee* | draught |
| szampan | *shampan* | champagne |

| Polish | Pronunciation | English |
|---|---|---|
| czekolada (gorąca/zimna) | chekolada (gorontsa/zheemna) | chocolate (hot/cold) |
| cydr (jabłecznik) | tsidr (yabwechneek) | cider |
| koktajl | kokta-eel | cocktail |
| kawa | kava | coffee |
|   bezkofeinowa |   beskofe-eenova |   decaffeinated |
|   mrożona |   mrozhona |   iced |
|   biała |   biawa |   white |
|   z mlekiem |   z mlekiem |   with a dash of milk |
|   czarna |   charna |   black |
| kufel piwa z beczki | koofel peeva z bechkee | a glass of draught beer |
| koniak | koniak | cognac |
| napój mrożony z lodem | napooy mrozhoni z lodem | crushed iced drink |
| gin z tonikiem | djeen s toneekiem | gin and tonic |
| szklanka/kieliszek | shklanka/kieleeshek | glass |
| herbata ziołowa | herbata zhowova | herbal tea |
| lód | loot | ice |
| dzbanek | dzbanek | jug, pitcher |
| sok | sok | juice |
|   grepfrutowy |   greypfrootovi |   grapefruit |
|   pomarańczowy |   pomaranchovi |   orange |
|   ananasowy |   ananasovi |   pineapple |
|   pomidorowy |   pomeedorovi |   tomato |
| lemoniada | lemoniada | lemonade |
| koktail mleczny | kokta-eel mlechni | milkshake |
| mleko (gorące/zimne) | mleko (gorontse/zheemne) | milk (hot/cold) |
| woda mineralna (gazowana/niegazowana) | voda meenaralna (gazovana/niegazovana) | mineral water (fizzy/still) |
| herbata miętowa | herbata mientova | mint tea |
| rum | room | rum |

| woda sodowa | *voda sodova* | soda |
| musujące/ gazowana | *moosooyontse/ gazorana* | sparkling |
| słodkie | *swotkie* | sweet |
| herbata z mlekiem/cytryną | *herbata z mlekiem/ tsitrinow* | tea with milk/ lemon |
| tonik | *toneek* | tonic |
| rocznik | *rochneek* | vintage |
| wódka | *vootka* | vodka |
| wino | *veeno* | wine |
| wytrawne | *vitravne* | dry |
| stołowe | *stowove* | house wine |
| czerwone | *chervone* | red |
| roze | *roze* | rosé |
| słodkie | *swotkie* | sweet |
| białe | *biawe* | white |
| whisky | *wiski* | whisky |

## FOOD

| migdały | *meegdawi* | almonds |
| sardela | *sardela* | anchovies |
| jabłko | *yapko* | apple |
| morela | *morela* | apricot |
| karczochy | *karchohi* | artichokes |
| szparagi | *shparagee* | asparagus |
| bakłażan | *bakwazhan* | aubergine |
| awokado | *avokado* | avocado |
| boczek | *bochek* | bacon |
| pieczony | *piechoni* | baked |
| banan | *banan* | banana |
| fasola | *fasola* | beans |
| wołowina | *vowoveena* | beef |

| | | |
|---|---|---|
| burak | *boorak* | beetroot |
| gotowany | *gotovani* | boiled |
| chleb | *hlep* | bread |
| bułka | *boowka* | bread roll |
| bób | *boop* | broad beans |
| masło | *maswo* | butter |
| kapusta (kiszona) | *kapoosta (keeshona)* | cabbage (sour) |
| karp | *karp* | carp |
| marchew | *marhef* | carrot |
| kalafior | *kalafior* | cauliflower |
| seler | *seler* | celery |
| ser | *ser* | cheese |
| czereśnia | *chereshnia* | cherry |
| kasztan | *kashtan* | chestnut |
| kurczak | *koorchak* | chicken |
| ciecierzyca | *chechezhitsa* | chickpeas |
| cykoria | *tsikoria* | chicory |
| czekolada | *chekolada* | chocolate |
| małże | *mawzhe* | clams |
| kokos | *kokos* | coconut |
| dorsz | *dorsh* | cod |
| wędliny | *vendleeni* | cold meats |
| cukinia | *tsookeenia* | courgette |
| krab | *krap* | crab |
| rak | *rak* | crayfish |
| śmietana | *shmietana* | cream |
| ogórek | *ogoorek* | cucumber |
| mątwa | *montfa* | cuttlefish |
| kaczka | *kachka* | duck |
| pierogi | *pierogee* | dumplings |
| węgorz | *vengosh* | eel |
| jajko | *yayko* | egg |
| w koszulce | *f koshooltse* | poached |
| gotowane na twardo | *gotovane na tfardo* | hard boiled |

| | | |
|---|---|---|
| gotowane na miękko | *gotovane na mienko* | soft boiled |
| sadzone | *sadzone* | fried |
| jajecznica | *yayechneetsa* | scrambled |
| koper włoski | *koper vwoskee* | fennel |
| figa | *feega* | fig |
| filet | *feelet* | fillet |
| ryba | *riba* | fish |
| ikra | *eekra* | fish eggs |
| świeży | *shfiezhi* | fresh |
| smażony | *smazhoni* | fried |
| czosnek | *chosnek* | garlic |
| winogrona | *veenogrona* | grapes |
| z rusztu/z grilla | *z rooshtoo/z grila* | grilled |
| szynka | *shinka* | ham |
| orzechy laskowe | *ozhehi laskove* | hazelnuts |
| zioła | *zhowa* | herbs |
| śledź | *shlech* | herring |
| miód | *mi-oot* | honey |
| lody | *lodi* | ice-cream |
| nerki | *nerkee* | kidneys |
| duże krewetki | *doozhe krevetkee* | king prawn |
| jagnięcina | *yagniencheena* | lamb |
| por | *por* | leek |
| cytryna | *tsitrina* | lemon |
| soczewica | *socheveetsa* | lentils |
| sałata | *sawata* | lettuce |
| homar | *homar* | lobster |
| lokalny/regionalny | *lokalni/regionalni* | local |
| makrela | *makrela* | mackerel |
| kabaczek | *kabachek* | marrow |
| majonez | *mayones* | mayonnaise |
| pulpety | *poolpeti* | meatballs |
| melon | *melon* | melon |

food and drink

93

| | | |
|---|---|---|
| mięso mielone | *mienso mielone* | minced meat |
| wybór ryb smażonych | *viboor rib smazhonih* | mixed fried fish |
| wybór jarzyn | *viboor yazhin* | mixed vegetables |
| grzyby | *gzhibi* | mushroom |
| małże | *mawzhe* | mussels |
| musztarda | *mooshtarda* | mustard |
| ośmiornica | *oshmiorneetsa* | octopus |
| oliwki | *oleefkee* | olives |
| omlet | *omlet* | omelette |
| cebula | *tseboola* | onion |
| pomarańcza | *pomarancha* | orange |
| ostrygi | *ostrigee* | oysters |
| nać pietruszki | *nach pietrooshkee* | parsley |
| brzoskwinia | *bzhoskfeenia* | peach |
| orzeszki ziemne | *ozheshkee zhemne* | peanuts |
| gruszka | *grooshka* | pear |
| groszek | *groshek* | peas |
| pieprz | *piepsh* | pepper |
| papryka | *paprika* | peppers |
| czerwona | *chervona* | red |
| zielona | *zhelona* | green |
| ostra | *ostra* | hot |
| marynowany | *marinovani* | pickled, marinated |
| ananas | *ananas* | pineapple |
| śliwka | *shleefka* | plum |
| wieprzowina | *viepshoveena* | pork |
| ziemniaki | *zhemniakee* | potatoes |
| krewetki | *krevetkee* | prawns |
| suszone śliwki | *sooshone shleefkee* | prune |
| królik | *krooleek* | rabbit |
| rzodkiewka | *zhotkiefka* | radish |
| rodzynki | *rodzinkee* | raisins |
| maliny | *maleeni* | raspberry |

| | | |
|---|---|---|
| surowy | *soorovi* | raw |
| czerwona kapusta | *chervona kapoosta* | red cabbage |
| kiełb | *kiewp* | red mullet |
| żeberka | *zheberka* | ribs |
| ryż | *rish* | rice |
| pieczony | *piechoni* | roast |
| sałatka | *sawatka* | salad |
| łosoś (wędzony) | *wososh (vendzoni)* | salmon (smoked) |
| sól | *sool* | salt |
| kanapka | *kanapka* | sandwich |
| sardynki | *sardinkee* | sardines |
| kiełbasa | *kiewbasa* | sausage |
| okoń | *okon* | sea bass |
| leszcz | *leshch* | sea bream |
| owoce morza | *ovotse mozha* | seafood |
| krewetki | *krevetkee* | shrimps |
| płaszczka | *pwashchka* | skate |
| wędzony | *vendzoni* | smoked |
| ślimaki | *shleemakee* | snails |
| sola | *sola* | sole |
| sorbet | *sorbet* | sorbet |
| zupa | *zoopa* | soup |
| kiełbasa | *kiewbasa* | spicy sausage |
| (z czosnkiem) | *(s chosnkiem)* | (with garlic) |
| szpinak | *shpeenak* | spinach |
| ciasto biszkoptowe | *chasto beeshkoptove* | sponge cake |
| kałamarnica | *kawamarneetsa* | squid |
| stek | *stek* | steak |
| duszone | *dooshone* | stew |
| potrawa duszona | *potrava dooshona* | stewed |
| truskawka | *trooskafka* | strawberry |
| z nadzieniem | *z nadjeniem* | stuffed |
| słodko-kwaśny | *swotko-kfashni* | sweet and sour |
| kukurydza | *kookooridza* | sweetcorn |

food and drink

| | | |
|---|---|---|
| miecznik | *mie*chneek | swordfish |
| syrop | *sir*op | syrup |
| flaczki | *flach*kee | tripe |
| pstrąg | *pstronk* | trout |
| trufle | *troof*le | truffles |
| tuńczyk | *toon*chik | tuna |
| turbot | *toor*bot | turbot |
| indyk | *een*dik | turkey |
| wanilia | *vaneel*ia | vanilla |
| cielęcina | *chelencheen*a | veal |
| dziczyzna | *djee*chizna | venison |
| orzechy włoskie | *ozhehi vwos*kie | walnuts |
| arbuz | *arboos* | watermelon |
| dzik | *djeek* | wild boar |
| jogurt | *yo*goort | yoghurt |

# sightseeing
# &activities

## ✳ at the tourist office

● You can find Tourist Information Centres in most cities and towns. The sign to look out for is IT (Informacja Turystyczna).

### YOU MAY SEE...

| zamknięte | *zamkniente* | closed |
| hotele | *hotele* | hotels |
| broszury | *broshoori* | leaflets |
| mapy | *mapi* | maps |
| otwarte | *otfarte* | open |
| bilety | *beeleti* | tickets |

### YOU MAY WANT TO SAY...

● **Do you speak English?** — Czy mówi pan/pani po angielsku? — *chi moovee pan/panee po angielskoo*

● **Do you have...** — Czy ma pan/pani... — *chi ma pan/panee...*
**a map of the town?** — mapę miasta? — *mape miasta*
**a list of hotels?** — listę hoteli? — *leeste hotelee*

● **Can you recommend a...** — Czy może pan/pani polecić... — *chi mozhe pan/panee polecheech...*
**cheap hotel?** — tani hotel? — *tanee hotel*
**good campsite?** — dobre miejsce kampingowe? — *dobre mieystse kampingove*
**traditional restaurant?** — restaurację? — *restauratsie*

sightseeing and activities

- **Do you have information... in English?**
  Czy jest informacja... w języku angielskim?
  *chi yest eenformatsia... v yenzikoo angielskeem*

- **Can you book...**
  Czy może pan/pani zarezerwować...
  *chi mozhe pan/panee zarezervovach...*
  - **a hotel room?** hotel? *hotel*
  - **this day trip?** tę wycieczkę? *te vichechke*

- **Where is...**
  Gdzie jest...
  *gdje yest...*
  - **the old town?** stare miasto? *stare miasto*
  - **the art gallery?** galeria sztuki? *galeria shtookee*

- **Is there a post office near here?**
  Czy jest tu blisko poczta?
  *chi yest too bleesko pochta*

- **Can you show me on the map?**
  Czy może mi pan/pani pokazać na mapie?
  *chi mozhe mee pan/panee pokazach na mapie*

## ✷ opening times

- Most museums are closed on Mondays. On Sundays the opening hours for historical sites are usually shorter.

(see **telling the time**, page 18)

### YOU MAY WANT TO SAY...

- **What time does the museum open?**
  O której jest otwarte muzeum?
  *o ktoorey yest otfarte moozeoom*

- **What time does the... close?**
  O której zamyka się...
  *o ktoorey zamika she...*

- **Is it open...**
  **on Mondays?**
  Czy jest otwarte...
  w poniedziałki?
  *chi yest otfarte...*
  *f poniedjawkee*

- **Can we visit the...**
  Czy można zwiedzić...
  *chi mozhna*
  *zviedjeech...*

  **temple?**
  **archaeological**
  **site?**
  świątynię?
  teren
  archeologiczny?
  *shfiontinie*
  *teren*
  *arheologeechni*

## YOU MAY HEAR...

| | | |
|---|---|---|
| Jest otwarte codziennie z wyjątkiem... | *yest otfarte tsodjennie z viyontkiem...* | It's open every day except... |
| Jest otwarte od ... do ... | *yest otfarte od... do...* | It's open from... to... |
| Jest zamknięte w... | *yest zamkniente w...* | It's closed on... |
| Jest zamknięte w zimie. | *yest zamkniente v zheemie* | It's closed in winter. |
| Jest zamknięte z powodu remontu. | *yest zamkniente s povodoo remontoo* | It's closed for repairs. |

## ✳ visiting places

### YOU MAY SEE...

| | | |
|---|---|---|
| Zamknięte (remont) | *zamkniente (remont)* | closed (for restoration) |
| Nie dotykać | *nie dotikach* | do not touch |

| Zwiedzanie z przewodnikiem | *zviedzanie s pshevodneekiem* | Guided tours |
| Nie ma wejścia | *nie ma veyshcha* | no entry |
| Nie fotografować z fleszem | *nie fotografovach s fleshem* | no flash photography |
| Otwarte | *otfarte* | open |
| Teren prywatny | *teren privatni* | private |
| Kasa | *kasa* | ticket office |

## YOU MAY WANT TO SAY...

| • How much does it cost? | Ile to kosztuje? | *eele to koshtooye* |
| • One adult, please. | Jedna osoba dorosła. | *yedna osoba doroswa* |
| • Two adults, please. | Dwie dorosłe osoby. | *dvie doroswe osobi* |
| • A family ticket, please. | Proszę bilet rodzinny. | *proshe beelet rodjeenni* |
| • Is there a discount for... | Czy jest zniżka dla... | *chi yest zneeshka dla...* |
| students? | studentów? | *stoodentoof* |
| senior citizens? | emerytów? | *emeritoof* |
| children? | dzieci? | *djechee* |
| people with disabilities? | ludzi niepełnosprawnych? | *loodjee niepewnospravnih* |
| • Is there... | Czy jest... | *chi yest...* |
| wheelchair access? | dostęp dla wózka inwalidzkiego? | *dostemp dla vooska eenvaleetskiego* |
| a picnic area? | miejsce na piknik? | *mieystse na peekneek* |

**sightseeing and activities**

| | | |
|---|---|---|
| ● **Are there guided tours (in English)?** | Czy jest zwiedzanie z przewodnikiem (po angielsku)? | *chi yest zviedzanie s pshevodneekiem (po angielskoo)* |
| ● **Can I take photos?** | Czy można robić zdjęcia? | *chi mozhna robeech zdyencha* |
| ● **Can you take a photo of us?** | Czy może pan/pani zrobić nam zdjęcie? | *chi mozhe pan/panee zrobeech nam zdyenche* |

## YOU MAY HEAR...

| | | |
|---|---|---|
| ● Kosztuje piętnaście złotych od osoby. | *koshtooye pietnashche zwotih od osobi* | It costs 15 zlotys per person. |
| ● Jest zniżka dla... studentów | *yest zneeshka dla... stoodentoof* | There's a discount for... students |
| ● Dzieci w wieku ... nie płacą. | *djechee v viekoo... nie pwatsow* | Children under ... go free. |
| ● Niestety nie można wjechać wózkiem inwalidzkim. | *niesteti nie mozhna viehach vooskiem eenvaleetskeem* | I'm sorry, it's not suitable for wheelchairs. |

## ✳ going on tours or trips

## YOU MAY WANT TO SAY...

| | | |
|---|---|---|
| ● **Does the guide speak English?** | Czy przewodnik mówi po angielsku? | *chi pshevodneek moovee po angielskoo* |

- **I/We'd like to join the tour to...(m)** Chciałbym/ Chcielibyśmy przyłączyć się do grupy... *hchawbim/ hcheleebishmi pshiwonchich she do groopi...*

- **What time does it...** O której godzinie... *o ktoorey godjeenie...*
  - **leave?** wyrusza? *viroosha*
  - **get back?** wraca? *vratsa*

- **Where does it leave from?** Skąd wyrusza? *skont viroosha*

- **How much is it?** Ile to kosztuje? *eele to koshtooye*

- **Is... included?** Czy w tym jest... *chi f tim yest...*
  - **lunch** obiad? *obiat*
  - **accommodation** zakwaterowanie? *zakfaterovanie*

- **When's the next...** Kiedy jest następna... *kiedi yest nastempna...*
  - **boat trip?** wycieczka statkiem? *vichechka statkiem*
  - **day trip?** wycieczka całodzienna? *vichechka tsawodjenna*

- **Can we hire...** Czy można wynająć... *chi mozhna vinayonch...*
  - **a guide?** przewodnika? *pshevodneeka*
  - **an English speaking guide?** przewodnika mówiącego po angielsku? *pshevodneeka mooviontsego po angielskoo*

- **I'm with a group.** Jestem w grupie. *yestem v groopie*

- **I've lost my group.(m/f)** Zgubiłem/łam moją grupę. *zgoobeewem/wam moyow groope*

## YOU MAY HEAR...

| | | |
|---|---|---|
| Wyrusza o/z... | *viroosha o/z...* | It leaves at/from... |
| Wraca o... | *vratsa o...* | It gets back at... |
| Proszę się nie spóźnić! | *proshe she nie spoozhneech* | Don't be late! |
| On/ona bierze ... za dzień. | *on/ona biezhe ... za djen* | He/She charges ... per day. |
| Jak się nazywa wasza grupa? | *yak she naziva vasha groopa* | What's the name of your group? (pl) |

## ✻ tourist glossary

### YOU MAY SEE...

| | | |
|---|---|---|
| galeria sztuki | *galeria shtookee* | art gallery |
| zamek | *zamek* | castle |
| katedra | *katedra* | cathedral |
| cmentarz | *tsmentash* | cemetery |
| kościół | *koshchoow* | church |
| wystawa | *vistava* | exhibition |
| twierdza | *tfierdza* | fortress |
| ogrody | *ogrodi* | gardens |
| klasztor | *klashtor* | monastery |
| pomnik | *pomneek* | monument |
| meczet | *mechet* | mosque |
| upominki | *oopomeenkee* | souvenirs |
| stadion | *stadion* | stadium |
| plac | *plats* | square |

# ✱ entertainment

● Films tend to be shown in the original language with subtitles.

## YOU MAY SEE...

| Balet | *balet* | ballet |
|---|---|---|
| Loże | *lozhe* | boxes |
| Kino | *keeno* | cinema |
| Cyrk | *tsirk* | circus |
| Szatnia/garderoba | *shatnia/garderoba* | cloakroom |
| Sala koncertowa | *sala kontsertova* | concert hall |
| Pierwszy balkon | *pierfshi balkon* | dress circle |
| Wejście | *veyshche* | entrance |
| Wyjście | *viyshche* | Exit |
| Mecz | *mech* | match |
| Klub nocny | *kloop notsni* | nightclub |
| Opera | *opera* | opera house |
| Orkiestra | *orkiestra* | orchestra |
| Tor wyścigowy | *tor vishcheegovi* | racecourse |
| Rząd | *zhont* | row |
| Wyprzedane | *vipshedane* | sold out |
| Parter | *parter* | stalls |
| Teatr | *te-atr* | theatre |
| Drugi balkon | *droogee balkon* | upper circle |
| Dozwolone od 18 lat | *dozvolone od osiemnastoo lat* | Over 18s only |
| Nie ma przerwy | *nie ma pshervi* | There is no interval |
| Bilety na dzisiejsze przedstawienie | *beeleti na djeesheyshe pshetstavienie* | Tickets for today's performance |

## YOU MAY WANT TO SAY...

● What is there to do in the evenings here?
Co tu można robić wieczorem?
*tso too **mozhna** robeech vie**cho**rem*

● Is there anything for children?
Czy są jakieś atrakcje dla dzieci?
*czi sow **ya**kiesh a**trak**tsie dla **dje**chee*

● Is there... round here?
a cinema
Czy jest tu...
kino?
*chi yest too...*
***kee**no*

● What's on...
tonight?
tomorrow?
Co grają...
dzisiaj?
jutro?
*tso **gray**ow...*
***djee**shay*
***yoo**tro*

● When does the... start?
game
performance
Kiedy zaczyna się...
gra?
przedstawienie?
*kiedi za**chi**na she...*
*gra*
*pshet**sta**vienie*

● What time does it finish?
Kiedy kończy się?
*kiedi **kon**chi she*

● Do we need to book?
Czy musimy zarezerwować bilety?
*chi moo**shee**mi zarezer**vo**vach bee**le**ti*

● Where can I get tickets?
Gdzie można dostać bilety?
*gdje **mozhna dos**tach bee**le**ti*

● Is it suitable for children?
Czy to jest odpowiednie dla dzieci?
*chi to yest otpo**vied**nie dla **dje**chee*

● Has the film got subtitles?
Czy film jest z napisami?
*chi film yest z napee**sa**mi*

## YOU MAY HEAR...

| | | |
|---|---|---|
| Zaczyna się o... | *za**chi**na she o...* | It starts at... |
| Kończy się o... | *kon**chi** she o...* | It finishes at... |
| Trwa około... dwie godziny | *trfa o**ko**wo... dvie god**jee**ni* | It lasts about... two hours |
| Jest dubbingowany. | *yest dabeen**go**vani* | It's dubbed. |
| Są napisy po polsku. | *sow na**pee**si po pol**skoo*** | It's got Polish subtitles. |
| Tu można kupić bilety. | *too **mozh**na **koo**peech **bee**leti* | You can buy tickets here. |

## ✳ booking tickets

## YOU MAY WANT TO SAY...

| | | |
|---|---|---|
| Can you get me tickets for... the ballet? the football match? | Czy mogę dostać bilety na... balet? mecz piłki nożnej? | *chi **mo**ge **do**stach **bee**leti na...⎮ **ba**let mech **pee**wkee **no**zhney* |
| Are there any seats left for Saturday? | Czy są jeszcze bilety na sobotę? | *chi sow **yesh**che **bee**leti na so**bo**te* |
| I'd like to book... a box two seats | Chciałbym/ chciałabym zarezerwować... lożę dwa miejsca | *h**chaw**bim/ h**chaw**abim zarezer**vo**vach... **lo**zhe dva **miey**stsa* |
| Do you have anything cheaper? | Czy jest coś tańszego? | *chi yest cosh **tan**shego* |

| | | |
|---|---|---|
| Ile? | *eele* | How many? |
| Na kiedy? | *na kiedi* | When for? |
| Niestety już nie ma biletów na ten dzień/wieczór. | *niestety yoosh nie ma beeletoof na ten djen/ viechoor* | I'm sorry we're sold out that day/night. |

## * at the show

### YOU MAY WANT TO SAY...

| | | |
|---|---|---|
| What is on tonight? | Co grają dzisiaj wieczorem? | *tso grayow djeeshay viechorem* |
| Two for tonight's performance, please. | Proszę dwa na dzisiejsze przedstawienie. | *proshe dva na djeesheyshe pshetstavienie* |
| How much is that? | Ile to kosztuje? | *eele to koshtooye* |
| We'd like to sit... | Chcielibyśmy miejsca... | *hcheleebishmi mieystsa...* |
| at the front in the middle | na przodzie w środku | *na pshodje f shrotkoo* |
| We've reserved seats. | Mamy zarezerwowane miejsca. | *mami zarezervovane mieystsa* |
| Is there an interval? | Czy jest przerwa? | *chi yest psherva* |
| Can you stop talking, please?! | Proszę przestać rozmawiać! | *proshe pshestach rozmaviach* |

sightseeing and activities

## YOU MAY HEAR...

| Czy mogę zobaczyć pana/pani kartę kredytową? | *chi moge zobachich pana/panee karte kreditovow* | Can I see your credit card, please? |
|---|---|---|
| Czy chciałby pan/ chciałaby pani program? | *chi hchawbi pan/ hchawabi panee program* | Would you like a programme? |

## ✳ sports and activities

● The mountains in the south of Poland offer opportunities for skiing in the winter, as well as hiking in the summer.

### YOU MAY SEE...

| Plaża | *plazha* | beach |
|---|---|---|
| Wynajem łodzi | *vinayem wodjee* | boat hire |
| Kolejka linowa | *koleyka leenova* | cable car |
| Wyciąg krzesełkowy | *vichonk kshesewkovi* | chair lift |
| Niebezpieczeństwo | *niebespiechenstfo* | danger |
| Pierwsza pomoc | *pierfsha pomots* | first aid |
| Boisko piłki nożnej | *boeesko peewkee nozhney* | football pitch |
| Pole golfowe | *pole golfove* | golf course |
| Jazda konna | *yazda konna* | horse riding |
| Teren prywatny | *teren privatni* | private property |
| Wynajem nart | *vinayem nart* | ski hire |
| Wyciąg narciarski | *vichonk narcharskee* | ski lift |
| Zjazd narciarski | *ziasd narcharskee* | ski slope |
| Centrum sportowe | *tsentroom sportove* | sports centre |
| Pływalnia (kryta) | *pwivalnia (krita)* | swimming pool (indoor) |

## sports and activities

| | | |
|---|---|---|
| Pływalnia (na świeżym powietrzu) | *pwivalnia (na shfiezhim povietshoo)* | **swimming pool (outdoor)** |
| Kort tenisowy | *kort teneesovi* | **tennis court** |

- **Where can I/we...** Gdzie można... *gdje mozhna...*
  - **play tennis?** grać w tenisa? *grach f teneesa*
  - **play golf?** grać w golfa? *grach v golfa*

- **Can I/we...** Czy można... *chi mozhna...*
  - **go fishing?** łowić ryby? *woveech ribi*
  - **go skiing?** jeździć na nartach? *yezhdjeech na nartah*

- **I'm...** (m/f) Jestem... *yestem...*
  - **a beginner** początkujący/a *pochontkooyontsi/a*
  - **quite** z pewnym *s pevnim*
  - **experienced** doświadczeniem *doshfiatcheniem*

- **How much does it** Ile kosztuje... *eele koshtooye...*
  **cost...**
  - **per hour?** za godzinę? *za godjeene*
  - **per day?** za dzień? *za djen*
  - **per round?** za jedną rundę? *za yednow roonde*
  - **per game?** za jedną grę? *za yednow gre*

- **Can I/we hire...** Czy można wynająć... *chi mozhna vinayonch...*
  - **clubs?** kije? *keeye*
  - **racquets?** rakiety? *rakieti*

- **Do you give lessons?** Czy dajecie lekcje? *chi dayeche lektsie*

- **What's...** Jaka jest... *yaka yest...*
  - **the snow like?** śnieg *shniek*

## YOU MAY HEAR...

| | | |
|---|---|---|
| Kosztuje sześćdziesiąt złotych za godzinę. | *koshtooye sheshdjeshont zwotih za godjeene* | It costs 60 zlotys per hour. |
| Jest depozyt do zwrotu ... złotych. | *yest depozit do zvrotoo... zwotih* | There's a refundable deposit of... zlotys. |
| Nie ma wolnych miejsc. | *nie ma volnih mieysts* | We're fully booked. |
| Proszę przyjść później. | *proshe pshiyshch poozhney* | Come back later. |
| Mamy miejsca jutro. | *mami mieystsa yootro* | We've got places tomorrow. |
| Jaki ma pan/pani rozmiar? | *yakee ma pan/panee rozmiar* | What size are you? (m/f) |
| Potrzebuje pan/pani... fotografię ubezpieczenie | *potshebooye pan/panee... fotografie oobespiechenie* | You need... a photo insurance |
| Śnieg jest... puszysty zlodowaciały | *shniek yest... pooshisti zlodovachawi* | The snow is... powdery icy |
| Nie ma dużo śniegu. | *nie ma doozho shniegoo* | There's not much snow. |

## ✳ at the beach, river or lake

● The level of safety for swimming in the sea is indicated by a coloured flag: black for no swimming (kąpiel wzbroniona), red for extra care (zachować ostrożność), and white for safe bathing (kąpiel dozwolona). A beach with a life guard (ratownik) is plaża strzeżona, without a life guard is plaża niestrzeżona.

## at the beach, river or lake

### YOU MAY WANT TO SAY...

- Can I/we...
  swim here?
  swim in the
  river?

  Czy można...
  tu pływać?
  pływać w tej
  rzece?

  *chi mozhna...*
  *too pwivach*
  *pwivach ftey*
  *zhetse*

- Is it safe for
  children?

  Czy jest bezpiecznie
  dla dzieci?

  *chi yest bespiechnie*
  *dla djechee*

- Is the water clean?

  Czy woda jest czysta?

  *chi voda yest chista*

- Where is the
  lifeguard?

  Gdzie jest ratownik?

  *gdje yest ratovneek*

### YOU MAY HEAR...

- Ostrożnie, jest
  niebezpiecznie

  *ostrozhnie yest*
  *niebespiechnie*

  Be careful, it's
  dangerous

- Jest bardzo silny
  prąd

  *yest bardzo sheelni*
  *pront*

  The current is very
  strong

- Jest bardzo silny wiatr

  *yest bardzo sheelni viatr*

  It's very windy

### YOU MAY SEE...

| | | |
|---|---|---|
| Zakaz nurkowania | *zakas noorkovania* | no diving |
| Zakaz biegania | *zakas biegania* | no running |
| Czarna flaga oznacza zakaz kąpieli | *charna flaga oznacha zakas kompielee* | when black flag is flying, swimming is not permitted |

# shops&services

## ✳ shopping

● There are separate shops for buying medicines – Apteka, otherwise toiletries, cosmetics and cleaning products can be found in Drogeria (drugstores) and Perfumeria (perfume shops).

### YOU MAY SEE...

| | | |
|---|---|---|
| Antyki | *antiki* | antiques |
| Piekarnia | *piekarnia* | bakery |
| Księgarnia | *kshengarnia* | bookshop |
| Sklep mięsny | *sklep miensni* | butcher's |
| Drogeria | *drogeria* | chemist's (toiletries) |
| Artykuły dziecięce | *artikoowi djechentse* | children's |
| Zamknięte | *zamkniente* | closed |
| Odzież | *odjesh* | clothing |
| Słodycze | *swodiche* | confectioner's |
| Delikatesy | *deleekatesi* | delicatessen |
| Dom towarowy | *dom tovarovi* | department store |
| Pralnia chemiczna | *pralnia hemeechna* | dry-cleaners |
| Przymierzalnia | *pshimiezhalnia* | fitting rooms |
| Kwiaciarnia | *kfiacharnia* | florist's |
| Upominki | *oopomeenkee* | gifts |
| Warzywa i owoce | *vazhiva ee ovotse* | greengrocer |
| Fryzjer | *frizier* | hairdresser's |
| Jubiler | *yoobeeler* | jeweller's |
| Męska | *menska* | men's (toilet) |
| Kiosk/Ruch/Prasa | *kiosk/rooh/prasa* | newsagent's |
| Optyk | *optik* | optician's |
| Perfumeria | *perfoomeria* | perfumery |
| Apteka | *apteka* | pharmacy |

shops and services

| Fotograf | *fotograf* | photographer's |
|----------|-----------|----------------|
| Poczta | *pochta* | post office |
| Sklep obuwniczy | *sklep oboovneechi* | shoe shop |
| Pamiątki | *pamiontkee* | souvenirs |
| Oferta specjalna/ Promocja | *oferta spetsialna/ promotsia* | special offers |
| Artykuły sportowe | *artikoowi sportove* | sports goods |
| Supermarket | *soopermarket* | supermarket |
| Sklep z zabawkami | *sklep z zabafkamee* | toy shop |
| Damska | *damska* | women's (toilets) |

## YOU MAY WANT TO SAY...

| Where is... the shopping centre? the post office? | Gdzie jest... centrum handlowe? poczta? | *gdje yest... tsentroom handlove pochta* |
|---|---|---|
| Where can I buy... suntan lotion? | Gdzie mogę kupić... olejek do opalania? | *gdje moge koopeech... oleyek do opalania* |
| I'd like ..., please. that one there this one here | Poproszę... tamto to | *poproshe... tamto to* |
| Have you got...? | Czy ma pan/pani...? | *chi ma pan/panee...?* |
| How much does it cost? | Ile to kosztuje? | *eele to koshtooye* |
| How much do they cost? | Ile one kosztują? | *eele oneh koshtooyow* |
| I'm just looking. | Ja tylko oglądam. | *ya tilko oglondam* |

shops and services

- **Can you...**
  **keep it for me?**

  Czy może pan/pani...
  odłożyć to dla
  mnie?

  *chi mozhe pan/panee
  odwozhich to dla
  mnie*

  **order it for me?**

  zamówić to dla
  mnie?

  *zamooveech to dla
  mnie*

- **I need to think
  about it.**

  Muszę się
  zastanowić.

  *mooshe she
  zastanoveech*

## YOU MAY HEAR...

W czym mogę
pomóc?

*fchim moge pomoots*

Can I help you?

To kosztuje
dwadzieścia
złotych.

*to koshtooye
dvadjeshcha zwotih*

It costs 20 zlotys.

## ✳ paying

● It's advisable to carry your passport with you as a means
of identity. You might be asked to show it when you pay by
credit card.

## YOU MAY WANT TO SAY...

- **Where do I pay?**

  Gdzie mogę zapłacić?

  *gdje moge
  zapwacheech*

- **Do you take credit
  cards?**

  Czy mogę zapłacić
  kartą kredytową?

  *chi moge
  zapwacheech kartow
  kreditovow*

- **Can you wrap it, please?** Czy może mi pan/pani to zapakować? *chi mozhe mee pan/panee to zapakovach*

- **Sorry, I haven't got any change.** Niestety, nie mam drobnych *niesteti nie mam drobnih*

### YOU MAY HEAR...

- Czy dać torbę? *chi dach torbe* Do you want a bag?

- Jak chce pan/pani zapłacić? *yak htse pan/panee zapwacheech* How do you want to pay?

- Czy mogę zobaczyć pana/pani... paszport? *chi moge zobachich pana/panee... pashport* Can I see... please? your passport

- Czy ma pan/pani drobne? *chi ma pan/panee drobne* Have you got any change?

## ✳ buying clothes and shoes

- Poland uses the continental system of sizes.

(see **clothes and shoes sizes**, page 21)

### YOU MAY WANT TO SAY...

- **Have you got...**
  **a smaller size?** mniejszy rozmiar? *mnieyshi rozmiar*
  **a larger size?** większy rozmiar? *vienkshi rozmiar*
  **other colours?** inny kolor? *eenni kolor*

Czy jest... *chi yest...*

shops and services

117

## changing rooms

| | | |
|---|---|---|
| I'm a size... | Noszę rozmiar... | *noshe rozmiar...* |
| I'm looking for... | Szukam... | *shookam...* |
| a shirt | koszuli | *koshoolee* |
| a jumper | swetra | *sfetra* |
| a jacket | żakietu | *zhakietoo* |
| trousers | spodni | *spodnee* |
| boots | botków | *botkoof* |
| Where are the changing rooms? | Gdzie jest przymierzalnia? | *gdje yest pshimiezhalnia* |

## ✱ changing rooms

### YOU MAY WANT TO SAY...

| | | |
|---|---|---|
| Can I try this on, please? | Czy mogę to przymierzyć? | *chi moge to pshimiezhich* |
| It doesn't fit. | Nie pasuje. | *nie pasooye* |
| It's too... | Jest za... | *yest za...* |
| big | duże | *doozhe* |
| small | małe | *mawe* |
| It doesn't suit me. | Nie pasuje do mnie. | *nie pasooye do mnie* |

### YOU MAY HEAR...

| | | |
|---|---|---|
| Czy chce pan/pani przymierzyć? | *chi htse pan/panee pshimiezhich* | Would you like to try it/them on? |
| Jaki rozmiar pan/pani nosi? | *yakee rozmiar pan/pani noshee* | What size are you? |
| Przyniosę inne. | *pshiniose eenne* | I'll get you another one. |

| | | |
|---|---|---|
| Niestety to już ostatnie. | *niesteti to yoosh ostatnie* | Sorry, that's the last one. |
| Pasuje/ą do pana/ pani. | *pasooye/ow do pana/ panee* | It suits/they suit you. |

## ✳ exchanges and refunds

### YOU MAY WANT TO SAY...

- Excuse me... | Przepraszam... | *psheprasham...* |
  | this is faulty. | to jest z wadą. | *to yest z vadow* |

- I'd like... | Proszę... | *proshe...* |
  | a refund | o zwrot pieniędzy | *o zvrot pieniendzi* |
  | a new one | o wymianę | *o vimiane* |

- I'd like... (m/f) | Chciałbym/ chciałabym... | *hchawbim/ hchawabim...* |

  | to return this | to zwrócić | *to zvroocheech* |
  | to change this | to wymienić | *to vimieneech* |

### YOU MAY HEAR...

| | | |
|---|---|---|
| Czy ma pan/pani... paragon? | *chi ma pan/panee... paragon* | Have you got... the receipt? |
| Niestety nie zwracamy pieniędzy. | *niesteti nie zvratsami pieniendzi* | Sorry, we don't give refunds. |
| Może pan/pani to wymienić. | *mozhe pan/panee to vimieneech* | You can exchange it. |

# ✳ bargaining

## YOU MAY WANT TO SAY...

- Is this your best price? | Czy to ostateczna cena? | *chi to ostatechna tsena*
- It's too expensive. | To za drogo. | *to za drogo*
- I'll give you... | Dam panu/pani... | *dam panoo/panee...*
- That's my final offer. | To moja ostateczna cena. | *to moya ostatechna tsena*

# ✳ at the drugstore
(see at the chemist's, page 132)

## YOU MAY WANT TO SAY...

- I need... | Potrzebuję... | *potshebooye...*
  - deodorant | dezodorant | *dezodorant*
  - sanitary towels | podpaski higieniczne | *potpaskee heegieneechne*
  - shampoo | szampon | *shampon*
  - shower gel | żel do kąpieli | *zhel do kompieli*
  - tampons | tampony | *tamponi*
  - toilet paper | papier toaletowy | *papier toaletovi*
  - toothpaste | pastę do zębów | *paste do zemboof*
- I am looking for... | Szukam... | *shookam...*
  - a perfume | perfum | *perfoom*
  - a (pink) nail varnish | (różowego) lakieru do paznokci | *(roozhovego) lakieroo do paznokchee*

- I'd like some... | Poproszę... | poproshe...
  - make-up remover | płyn do demakijażu | pwin do demakeeyazhoo
  - foundation | podkład (pod makijaż) | potkwat( pod makeeyash)

## ✴ photography

- Can you print photos from a memory card? | Czy można wywołać zdjęcia z karty pamięci? | chi mozhna vivowach zdyencha s karti pamienchee

- When will it/they be ready? | Kiedy będzie/będą gotowe? | kiedi bendje/bendow gotove

- Do you have an express service? | Czy mogą to państwo zrobić ekspresem? | chi mogo to panstfo zrobeech expresem

- Does it cost extra? | Czy jest za to dodatkowa opłata? | chi yest za to dodatkova opwata

- How much does it cost... | Ile kosztuje... | eele koshtooye...
  - per print? | jedna odbitka? | yedna odbeetka

- I'd like... | Poproszę... | poproshe...
  - an 8MB memory card, please | kartę pamięci osiem MB | karte pamienchee oshem embe

- My camera is broken. | Mój aparat zepsuł się. | mooy aparat zepsoow she

- Do you do repairs? | Czy tu można naprawić (aparat)? | chi too mozhna napraveech (aparat)

### YOU MAY HEAR...

| | | |
|---|---|---|
| Jaki ma być format zdjęć? | *yakee ma bich format zdyench* | What size do you want your prints? |
| Matowe czy z połyskiem? | *matove chi s powiskiem* | Do you want them matt or gloss? |
| Proszę przyjść... jutro. za godzinę. | *proshe pshiyshch... yootro. za godjeene* | Come back... tomorrow. in an hour. |

## ✳ at the newsagent's

### YOU MAY WANT TO SAY...

| | | |
|---|---|---|
| Can I have a packet of... please? | Proszę paczkę... | *proshe pachke...* |
| Do you sell... matches? lighters? | Czy są... zapałki? zapalniczki? | *chi sow... zapawkee zapalneechkee* |
| Do you sell cigars? | Czy są cygara? | *chi sow tsigara* |
| Do you sell loose tobacco? | Czy ma pan/pani tytoń luzem? | *chi ma pan/panee titon loozem* |

## ✳ at the off-licence

### YOU MAY WANT TO SAY...

| | | |
|---|---|---|
| Have you got any... good wine? | Czy ma pan/pani... jakieś dobre wino? | *chi ma pan/panee... yakiesh dobre veeno* |

shops and services

- **Is this sweet or dry?** — Czy to jest słodkie czy wytrawne? — *chi to yest swotkie chi vitravne*

- **I'll take... please.** — Poproszę... — *poproshe...*
  - a bottle — butelkę — *bootelke*
  - a pack — paczkę — *pachke*

## \* at the post office

Most post offices (Poczta) also have an exchange bureau (kantor). Letter boxes are red and have the sign Poczta Polska on them. Apart from the post office, stamps can also be bought at some newsagents in more touristy areas.

### YOU MAY WANT TO SAY...

- **A stamp for... , please.** — Proszę znaczek do... — *proshe znachek do...*
  - Europe — Europy — *eooropi*
  - America — Ameryki — *amerikee*
  - Australia — Australii — *aoostralee*

- **Five stamps, please.** — Pięć znaczków proszę. — *pyench znachkoof proshe*

- **for...** — na... — *na...*
  - postcards — pocztówki — *pochtoofkee*
  - letters — listy — *leesti*

- **Can I send this...** — Czy mogę to wysłać pocztą... — *chi moge to viswach pochtow...*
  - registered? — poleconą? — *poletsonow*
  - by airmail? — lotniczą? — *lotneechow*

shops and services

123

## at the bank

- It contains …

| | | |
|---|---|---|
| | W tej przesyłce jest… | *f tey pshesiwtse yest…* |
| something valuable. | coś wartościowego | *tsosh vartoshchovego* |
| something fragile. | coś kruchego | *tsosh kroohego* |

- **Can I have a receipt, please?** — Czy mogę dostać pokwitowanie? — *chi moge dostach pokfeetovanie*

- **Do you change money here?** — Czy można tu wymienić pieniądze? — *chi mozhna too vimieneech pieniondze*

---

### YOU MAY HEAR…

- Dokąd jest ta przesyłka? — *dokont yest ta pshesiwka* — **Where is it going to?**

- Proszę położyć na wagę. — *proshe powozhich na vage* — **Put it on the scales, please.**

- Co jest w środku? — *tso yest f shrotkoo* — **What's in it?**

- Proszę wypełnić deklarację celną. — *proshe vipewneech deklaratsie tselnow* — **Please fill in this customs declaration form.**

---

## ✳ at the bank

● Banks are open from Monday to Friday from 7.30am to 6pm, with shorter hours on Saturdays.

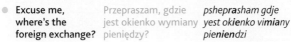

### YOU MAY WANT TO SAY...

- **Excuse me, where's the foreign exchange?** — Przepraszam, gdzie jest okienko wymiany pieniędzy? — *psheprasham gdje yest okienko vimiany pieniendzi*

- **Is there a cashpoint here?** — Czy jest tu bankomat? — *chi yest too bankomat*

- **The cashpoint has eaten my card.** — Bankomat połknął moją kartę. — *bankomat powknow moyow karte*

- **I've forgotten my pin.** — Zapomniałem/łam pinu. — *zapomniawem/wam peenoo*

- **I'd like to...(m/f)** — Chciałbym/chciałabym... — *hchawbim/hchawabim...*

  - **withdraw some money** — podjąć pieniądze — *podionch pieniondze*

### YOU MAY HEAR...

- Proszę dowód tożsamości. — *proshe dovoot toshsamoshchee* — **Your ID, please.**

- Proszę paszport. — *pashport proshe* — **Your passport, please.**

## ✳ changing money

- The Polish unit of currency is the złoty (zł.). There are coins, of 1 złoty (1zł.), 2 złoty (2zł.), 5 złoty (5zł.), 20 and 50zł, and banknotes of 10, 20, 50, 100 and 200zł.

## changing money

### YOU MAY WANT TO SAY...

- I'd like to change ..., please.

  Chciałbym/ chciałabym wymienić...

  *hchawbim/ hchawabim vimieneech...*

  these travellers' cheques

  czeki podróżne

  *chekee podroozhne*

  £100

  sto funtów

  *sto foontoof*

- Can I get money out on my credit card?

  Czy mogę wypłacić pieniądze z karty kredytowej?

  *chi moge vipwacheech pieniondze s karti kreditovey*

- What's the rate today...

  Ile dziś kosztuje...

  *eele djeesh koshtooye...*

  for the pound?

  funt?

  *foont*

  for the dollar?

  dolar?

  *dolar*

  for the euro?

  euro?

  *eooro*

### YOU MAY HEAR...

- Ile?

  *eele*

  How much?

- Paszport proszę.

  *pashport proshe*

  Passport, please.

- Proszę tu podpisać.

  *proshe too potpeesach*

  Sign here, please.

- Funt kosztuje sześć złotych.

  *foont koshtooye sheshch zwotih*

  It's ... 6 zlotys to the pound.

# ✳ telephones

● To make a phone call you can use a public payphone box, for which you need a phone card (karta telefoniczna), (you can buy 25, 50 or 100-unit cards), obtainable at post offices, newsstands/agents and some shops.

| | | |
|---|---|---|
| ● Where's the (nearest) phone? | Gdzie jest (najbliższa) budka telefoniczna? | *gdje yest (naybleeshsha) boot*ka telefone*echna* |
| ● I'd like to ... | Chciałbym/ chciałabym... | *hcha*wbim/ *hcha*wabim... |
| buy a phone card | kupić kartę telefoniczną | *koo*peech *ka*rte telefone*echnow* |
| with 100 unit. | na sto impulsów | *na sto eem*pool*soof* |
| call England | zadzwonić do Anglii | zadzvon*eech do ang*lee |
| make a reverse charge call | zamówić rozmowę na koszt odbiorcy | za*moo*veech roz*mo*ve na kosht od*biort*si |
| ● How much does it cost per minute? | Ile kosztuje minuta połączenia? | *eele* kosh*too*ye mee*noo*ta powon*che*nia |
| ● Can I speak to...? | Czy mogę rozmawiać z...? | chi *mo*ge rozma*viach* z... |
| ● When will he/she be back? | Kiedy on/ona wróci? | *kie*di on/ona vro*chee* |
| ● I'll ring back. | Zadzwonię później. | zadz*vo*nie *poo*zhney. |

## mobiles

| | | |
|---|---|---|
| ● Can I leave a message? | Czy mogę zostawić wiadomość? | *chi moge zostaveech viadomoshch* |
| ● My number is... | Mój numer... | *mooy noomer...* |

## \* mobiles

### YOU MAY WANT TO SAY...

| | | |
|---|---|---|
| ● Can I/we hire a mobile? | Czy mogę/możemy wypożyczyć komórkę? | *chi moge/mozhemi vipozhichich komoorke* |

shops and services

128

## the internet

| | | |
|---|---|---|
| Have you got... | Czy dostanę... | *chi dostane...* |
| a charger for this phone? | ładowarkę do tej komórki? | *wadovarke do tey komoorkee* |
| a SIM card for the local network? | kartę startową do telefonu komórkowego?/ zestaw startowy? | *karte startovow do telefonoo komoorkovego/ zestaf startovi* |
| a pay-as-you-go phone? | telefon na kartę? | *telefon na karte* |
| What's the tariff? | Jaka jest stawka? | *yaka yest stafka* |
| Are text messages included? | Czy w tym są Sms-y? | *chi ftim sow esemesi* |

## ✳ the internet

| | | |
|---|---|---|
| Is there an internet café near here? | Czy jest tu blisko kawiarenka internetowa? | *chi yest too bleesko kaviarenka eenternetova* |
| I'd like to check my emails. | Chciałbym/chciałabym sprawdzić pocztę. | *hchawbim/hchawabim spravdjeech pochte* |
| How much is it per minute? | Ile kosztuje minuta? | *eele koshtooye meenoota* |
| It's not connecting. | Nie chce się połączyć. | *nie htse she powonchich* |
| It's very slow. | Połączenie jest bardzo wolne. | *powonchenie yest bardzo volne* |

shops and services

- **Can you...**    Czy można...    *chi mozhna...*
  - **print this?**    to wydrukować?    *to vidrookovach*
  - **scan this?**    to zeskanować?    *to zeskanovach*

- **Can I...**    Czy mogę...    *chi moge...*
  - **download this?**    to ściągnąć?    *to shchongnoch*
  - **use my memory stick?**    podłączyć pendrive'a?    *podwonchich pendrayva*

### YOU MAY SEE...

| | | |
|---|---|---|
| Imię użytkownika | *eemie oozhitkovneeka* | username |
| Hasło | *haswo* | password |
| Kliknij tutaj | *kleekneey tootay* | click here |
| Link | *link* | link |

## ＊ faxes

### YOU MAY WANT TO SAY...

- **What's your fax number?**    Jaki jest pana/pani numer faksu?    *yakee yest pana/panee noomer faxoo*

- **Can you send this fax for me, please?**    Czy może pan/pani wysłać ten faks?    *chi mozhe pan/panee viswach ten fax*

- **How much is it?**    Ile to kosztuje?    *eele to koshtooye*

# health&safety

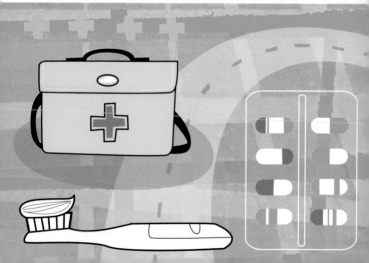

## * at the chemist's

● Chemists (for medicines) have a sign saying Apteka outside. Each city has at least one Apteka open 24 hours. For general toiletries and cosmetics, you go to a Drogeria.

### YOU MAY WANT TO SAY...

| | | |
|---|---|---|
| ● **Have you got something for...** | Czy jest coś na... | *chi yest tsosh na...* |
| **sunburn?** | oparzenie słoneczne? | *opazhenie swonechne* |
| **diarrhoea?** | rozwolnienie? | *rozvolnienie* |
| **period pains?** | bóle miesiączkowe? | *boole mieshonchkove* |
| **headaches?** | ból głowy? | *bool gwovi* |
| **a sore throat?** | ból gardła? | *bool gardwa* |
| ● **I need some ... please.** | Potrzebuję... | *potshebooye...* |
| **aspirin** | aspirynę | *aspeerine* |
| **condoms** | kondomy | *kondomi* |
| **painkillers** | środek przeciwbólowy | *shrodek pshecheefboolovi* |
| **plasters** | plaster opatrunkowy | *plaster opatroonkovi* |
| **suntan lotion** | mleczko do opalania | *mlechko do opalania* |
| **travel sickness pills** | tabletki na chorobę lokomocyjną | *tabletkee na horobe lokomotsiynow* |
| ● **Can you make up this prescription, please?** | Czy mogę wykupić tę receptę? | *chi moge vikoopeech te retsepte* |

| Czy już brał pan/ brała pani to? | *chi yoosh braw pan/ brawa panee to* | Have you taken this before? |
| Czy ma pan/pani receptę? | *chi ma pan/panee retsepte* | Have you got a prescription? |

## ✳ at the doctor's
(see **medical complaints and conditions**, page 135)

● EU citizens need a European Health Insurance Card to receive free emergency medical treatment in Poland.

| I need a doctor (who speaks English). | Potrzebuję lekarza (mówiącego po angielsku). | *potshebooye lekazha (mooviontsego po angielskoo)* |
| Can I make an appointment for... today? tomorrow? | Czy mogę zamówić wizytę na... dzisiaj? jutro? | *chi moge zamooveech veezite na... djeeshay yootro* |
| I've run out of my medication. | Lekarstwo mi się skończyło. | *lekarstfo mee she skonchiwo* |
| I'm on medication for... | Biorę lekarstwo na... | *biore lekarstfo na...* |
| I've had a ... jab. | Jestem szczepiony/a na... | *yestem shchepioni/a na...* |
| tetanus | tężec | *tenzhets* |
| typhoid | tyfus | *tifoos* |
| rabies | wściekliznę | *fshchekleezne* |

**health and safety**

133

| He/She has had a ... vaccination. | On/ona jest szczepiony/a na... | *on/ona yest shchepioni/a na...* |
| polio | polio | *polio* |
| measles | odrę | *odre* |
| Can I have a receipt for my health insurance, please? | Czy mogę dostać rachunek dla mojego ubezpieczenia? | *chi moge dostach rahoonek dla moyego oobespiechenia* |

# * describing your symptoms
(see **parts of the body**, page 138)

| I don't feel well. | Źle się czuję. | *zhle she chooye* |
| It hurts here. | Boli mnie tu. | *bolee mnie too* |
| My ... hurts. | Boli mnie... | *bolee mnie..* |
| stomach | żołądek/brzuch | *zhowondek/bzhooh* |
| head | głowa | *gwova* |
| My feet/legs hurt. | bolą mnie stopy/nogi | *bolow mnie stopi/nogee* |
| I've got ... diarrhoea. | Mam... rozwolnienie | *mam... rozvolnienie* |
| I'm dizzy. | Mam zawroty głowy. | *mam zavroti gwovi* |
| I feel sick. | Mam mdłości. | *mam mdwoshchee* |
| I can't ... | Nie mogę... | *nie moge...* |
| breathe properly | oddychać swobodnie | *oddihach sfobodnie* |
| sleep properly | dobrze spać | *dobzhe spach* |

## medical complaints and conditions

| | | |
|---|---|---|
| My ... is bleeding. | Mam krwawienie... | *mam krfavienie...* |
| nose | z nosa | *z nosa* |
| arm | z ręki | *z renkee* |
| I've cut/burnt myself. | Skaleczyłem/łam się; oparzyłem/łam się. | *skalechiwem/wam she; opazhiwem/wam she* |
| I've been sick. | Miałem/łam wymioty. | *miawem/wam vimioti* |

## \* medical complaints and conditions

| | | |
|---|---|---|
| I'm... | Mam... | *mam* |
| arthritic | artretyzm | *artretism* |
| asthmatic | astmę | *astme* |
| diabetic | cukrzycę | *tsookshitse* |
| epileptic | epilepsję | *epeelepsye* |
| I'm... | Jestem... | *yestem...* |
| blind | niewidomy/a | *nieveedomi/a* |
| deaf | głuchy/a | *gwoohi/a* |
| pregnant | w ciąży | *f chonzhi* |
| I've got... | Mam... | *mam...* |
| high/low blood pressure | wysokie/niskie ciśnienie krwi | *visokie/neeskie cheeshnienie krfee* |
| a heart condition | chorobę serca | *horobe serca* |
| I use a wheelchair. | Używam wózka inwalidzkiego. | *oozhivam vooska eenvaleetskiego* |
| I have difficulty walking. | Mam trudności z chodzeniem. | *mam troodnoshchee s hodzeniem* |
| I'm HIV positive. | Jestem zarażony/a wirusem HIV. | *yestem zarazhoni/a veeroosem heef* |

health and safety

135

- I'm allergic to...    Mam uczulenie na...    *mam oochoolenie na...*
  - antibiotics    antybiotyki    *antibiotikee*
  - cortisone    kortyzon    *kortyzon*
  - penicillin    penicylinę    *peneetsileene*

- I suffer from...    Cierpię na...    *cherpie na...*
  - hay fever    katar sienny    *katar shenni*
  - angina    dusznicę    *dooshneetse*

### YOU MAY HEAR...

| | | |
|---|---|---|
| Gdzie boli? | *gdje **bo**lee* | Where does it hurt? |
| Czy boli tu? | *chi **bo**lee too* | Does it hurt here? |
| Jak długo tak się pan/pani czuje? | *yak **dwoo**go tak she pan/**pa**nee **choo**ye* | How long have you been feeling like this? |
| Czy bierze pan/pani jakieś leki? | *chi **bie**zhe pan/**pa**nee **ya**kiesh **le**kee* | Are you on medication? |
| Czy cierpiał pan/ cierpiała pani na... wysokie/niskie ciśnienie krwi? | *chi **cher**piaw pan/ **cher**piawa **pa**nee na... vi**so**kie/**nee**skie chee**shnie**nie krfee* | Have you got a history of... high/low blood pressure? |
| Czy jest pan uczulony/pani uczulona na coś? | *chi yest pan oochoo**lo**ni/**pa**nee oochoo**lo**na na tsosh* | Are you allergic to anything? |
| Muszę zmierzyć gorączkę. | *moo**she** z**mie**zhich go**ron**chke* | I need to take your temperature. |
| Proszę się rozebrać. | *pro**she** she ro**ze**brach* | Get undressed, please. |
| To nic poważnego. | *to neets po**vazh**nego* | It's nothing serious. |

## medical complaints and conditions

| | | |
|---|---|---|
| Ma pan/pani infekcję. | *ma pan/panee eenfektsie* | You've got an infection. |
| To jest zainfekowane. | *to yest za-eenfekovane* | It's infected. |
| Potrzebuję próbkę… krwi moczu stolca | *potshebooye proopke… krfee mochoo stoltsa* | I need a … sample. blood urine stool |
| Potrzebne jest prześwietlenie. | *potshebne yest psheshfietlenie* | You need an X-ray. |
| Dam panu/pani zastrzyk. | *dam panoo/panee zastshik* | I'm going to give you an injection. |
| Proszę to brać trzy razy dziennie. | *proshe to brach tshi razi djennie* | Take this three times a day. |
| Jedną tabletkę dwa razy dziennie. | *yednow tabletke dva razi djennie* | Take one tablet twice a day. |
| Przy jedzeniu/z wodą. | *pshi yedzenioo/z vodow* | With food/water. |
| Trzeba odpoczywać. | *tsheba odpochivach* | You must rest. |
| Nie wolno pić alkoholu. | *nie volno peech alkoholoo* | You mustn't drink alcohol. |
| Musi pan/pani iść do lekarza po powrocie. | *mooshee pan/panee eeshch do lekazha po povroche* | You should see a doctor when you go home. |
| Musi pan/pani iść do szpitala. | *mooshee pan/panee eeshch do shpeetala* | You need to go to hospital. |
| Zwichnął pan/ zwichnęła pani… kostkę | *zveehnow pan/ zvihnewa panee… kostke* | You've sprained your… ankle |

| | | |
|---|---|---|
| Ma pan/pani… | *ma pan/panee…* | You've broken your… |
| złamaną rękę | *zwamanow renke* | arm |
| złamane żebro | *zwamane zhebro* | ribs |
| | | |
| Ma pan/pani… | *ma pan/panee…* | You've got… |
| zatrucie | *zatrooche* | food poisoning |
| pokarmowe | *pokarmove* | |
| złamanie | *zwamanie* | a fracture |
| | | |
| To jest atak serca. | *to yest atak sertsa* | It's a heart attack. |
| | | |
| Proszę przyjść za trzy dni. | *proshe pshiyshch za tshi dnee* | You must come back in three days' time. |

## * parts of the body

| | | |
|---|---|---|
| ankle | kostka | *kostka* |
| appendix | wyrostek robaczkowy | *virostek robachkovi* |
| arm | ramię | *ramie* |
| artery | arteria | *arteria* |
| back | plecy | *pletsi* |
| bladder | pęcherz | *penhesh* |
| blood | krew | *kref* |
| body | ciało | *chawo* |
| bone | kość | *koshch* |
| bottom | pupa | *poopa* |
| bowels | jelita/kiszki | *yeleeta/keeshkee* |
| breast | pierś | *piersh* |
| chest | klatka piersiowa | *klatka piershova* |
| ear | ucho | *ooho* |
| elbow | łokieć | *wokiech* |
| eye | oko | *oko* |

| face | twarz | *tfash* |
|------|-------|---------|
| foot | stopa | *stopa* |
| gland | gruczoł | *groochow* |
| hand | ręka | *renka* |
| head | głowa | *gwova* |
| heart | serce | *sertse* |
| hip | biodro | *biodro* |
| jaw | szczęka | *shchenka* |
| joint | staw | *staf* |
| kidney | nerka | *nerka* |
| knee | kolano | *kolano* |
| leg | noga | *noga* |
| ligament | wiązadło | *vionzadwo* |
| liver | wątroba | *vontroba* |
| lung | płuco | *pwootso* |
| mouth | usta | *oosta* |
| muscle | mięsień | *mienshen* |
| nerve | nerw | *nerf* |
| penis | członek/prącie | *chwonek/pronche* |
| rib | żebro | *zhebro* |
| shoulder | bark | *bark* |
| skin | skóra | *skoora* |
| spine | kręgosłup | *krengoswoop* |
| stomach | żołądek/brzuch | *zhowondek/bzhooh* |
| tendon | ścięgno | *shchengwo* |
| testicle | jądro | *yondro* |
| thigh | udo | *oodo* |
| throat | gardło | *gardwo* |
| toe | palec u nogi | *palec oo nogee* |
| tongue | język | *yenzik* |
| tonsils | migdałki | *meegdawkee* |
| vagina | pochwa | *pohfa* |
| vein | żyła | *zhiwa* |
| wrist | przegub | *pshegoop* |

health and safety

139

## ✳ at the dentist's

| | | |
|---|---|---|
| ● I need a dentist (who speaks English). | Potrzebuję dentysty (mówiącego po angielsku). | *potshebooye dentisti (mooviontsego po angielskoo)* |
| ● I've got toothache. | Boli mnie ząb. | *bolee mnie zomp* |
| ● It (really) hurts. | To (bardzo) boli. | *to (bardzo) bolee* |
| ● It's my wisdom tooth. | To mój ząb mądrości. | *to mooy zomp mondroshchee* |
| ● I've lost ... a filling a crown/cap | Wypadła mi... plomba korona | *vipadwa mee... plomba korona* |
| ● I've broken a tooth. | Złamał mi się ząb. | *zwamaw mee she zomp* |
| ● Can you fix it temporarily? | Czy można to naprawić tymczasowo? | *chi mozhna to napraveech timchasovo* |

| | | |
|---|---|---|
| ● Proszę otworzyć szeroko. | *proshe otfozhich sheroko* | Open wide. |
| ● Proszę zacisnąć zęby. | *proshe zacheesnonch zembi* | Close your jaws together. |
| ● Potrzebuje pan/ pani prześwietlenie. | *potshebooye pan/ panee psheshfietlenie* | You need an x-ray. |
| ● Czy jest pani w ciąży? | *chi yest panee f chonzhi* | Are you pregnant? |

# emergencies

| Potrzebuje pan/ pani plombę. | *potshebooye pan/ panee plombe* | You need a filling. |
| Trzeba go wyrwać. | *tsheba go virvach* | I'll have to take it out. |

## ✳ emergencies

### EMERGENCY TELEPHONE NUMBERS

| All emergency services | 112 |
| Police | 997 |
| Fire brigade | 998 |
| Ambulance | 999 |
| Road assistance | 981 |

### YOU MAY SEE...

| Ostry dyżur | *ostri dizhoor* | Accident & Emergency |
| nagłe wypadki | *nagwe vipatkee* | emergency services |
| Tylko do użytku zewnętrznego | *tilko do oozhitkoo zevnentshnego* | for external use only |
| szpital | *shpeetal* | hospital |
| trucizna | *troocheezna* | poison |
| klinika (prywatna) | *kleeneeka (privatna)* | (private) clinic |
| wstrząsnąć przed użyciem | *fstshonsnontsh pshet oozhichem* | shake before use |

| | | |
|---|---|---|
| I need... | Potrzebuję... | *potshebooye...* |
| a doctor | lekarza | *lekazha* |
| an ambulance | pogotowie ratunkowe | *pogotovie ratoonkove* |
| the fire brigade | straż pożarną | *strash pozharnow* |
| the police | policję | *poleetsie* |
| Immediately! | Natychmiast! | *natihmiast* |
| There's been an accident. | Jest wypadek. | *yest vipadek* |
| I have to use the phone. | Muszę zatelefonować. | *mooshe zatelefonovach* |
| I'm lost. | Zgubiłem/łam się | *zgoobeewem/wam she* |
| I've lost my son. | Mój syn zgubił się. | *mooy sin zgoobeew she* |
| I've lost my daughter. | Moja córka zgubiła się. | *moya tsoorka zgoobeewa she* |

## ∗ police

| | | |
|---|---|---|
| Sorry, I didn't realise it was against the law. | Przepraszam, nie wiedziałem/łam, że to wbrew przepisom. | *psheprasham nie viedjawem/wam zhe to vbref pshepeesom* |
| I haven't got my passport on me. | Nie mam paszportu przy sobie. | *nie mam pashportoo pshi sobie* |
| I don't understand. | Nie rozumiem. | *nie rozoomiem* |
| I'm innocent. | Jestem niewinny/a. | *yestem nieveenni/a* |
| I need a lawyer | Potrzebuję prawnika | *potshebooye pravneeka* |

● I want to contact my...
  Chcę się skontaktować z...
  *htse she skontaktovach z...*

  embassy
  moją ambasadą
  *moyow ambasadow*

---

### YOU MAY HEAR...

● Musi pan/pani zapłacić grzywnę.
  *mooshi pan/panee zapwachech gzhivne*
  You'll have to pay a fine.

● Czy ma pan/pani jakiś dowód tożsamości?
  *chi ma pan/panee yakeesh dovoot toshsamoshchee*
  Have you got any proof of your identity?

● Proszę iść ze mną.
  *proshe eeshch ze mnow*
  Come with me.

● Aresztuję pana/panią.
  *areshtooye pana/paniow*
  You're under arrest.

---

## ✳ reporting crime

### YOU MAY WANT TO SAY...

● I want to report a theft.
  Chcę zgłosić kradzież.
  *htse zgwosheech kradjesh*

● My ... has been stolen.
  Ukradziono mi...
  *ookradjono mee...*

  purse/wallet
  portmonetkę/portfel
  *portmonetke/portfel*

  passport
  paszport
  *pashport*

● Our car has been broken into.
  Ktoś się włamał do naszego samochodu.
  *ktosh she vwamaw do nashego samohodoo*

● I've lost my...
  Zgubiłem/łam...
  *zgoobeewem/wam...*

  credit cards
  karty kredytowe
  *karti kreditove*

  luggage
  bagaż
  *bagash*

## reporting crime

- I've been...
  - mugged — Ktoś na mnie napadł. — *ktosh na mnie napat*
  - attacked — Ktoś mnie zaatakował. — *ktosh mnie zaatakovaw*

### YOU MAY HEAR...

| | | |
|---|---|---|
| Kiedy to się stało? | *kiedi to she stawo* | When did it happen? |
| Gdzie? | *gdje* | Where? |
| Co się stało? | *tso she stawo* | What happened? |
| Jak on wyglądał/ona wyglądała? | *yak on viglondaw/ona viglondawa* | What did he/she look like? |
| Jak oni wyglądali? | *yak onee viglondalee* | What did they look like? |

### YOU MAY WANT TO SAY...

- It happened... — To się stało... — *to she stawo...*
  - five minutes ago — pięć minut temu — *piench meenoot temoo*
  - last night — zeszłej nocy — *zeshwey notsi*
  - on the beach — na plaży — *na plazhí*

- He/She had... — On miał/Ona miała... — *on miaw/ona miawa...*
  - blonde hair — jasne włosy — *yasne vwosi*
  - a knife — nóż — *noosh*

- He/She was... — On był/Ona była... — *on biw/ona biwa...*
  - tall — wysoki/a — *visoki/a*
  - young — młody/a — *mwodi/a*

health and safety

144

# basic grammar

## ✳ nouns

All Polish nouns and adjectives have a gender: masculine, feminine or neuter. In most cases the gender is not related to its meaning, and is determined only by the ending of the noun.

Most masculine nouns end in a consonant: pies (dog), obraz (painting), but there are some exceptions ending in -a. A typical masculine surname ending is -ski or -cki, e.g. Kowalski, Sawicki.

Most nouns ending in -a are feminine: książka (book). Some feminine nouns end in -i: pani (Mrs); and some end in a consonant, e.g. miłość (love). All feminine first names end in -a. Feminine surnames end in -ska, -cka. Neuter nouns end in -o, -e, or -ę: okno (window), morze (sea), imię (first name).

## ✳ plurals

Plurals of nouns are formed in a variety of ways, usually depending on the last consonant in the noun. In the nominative there are two separate forms: one for masculine human (men only and/or mixed men and women), e.g: studenci (male students only, or male and female), and one for all other categories: masculine non-human, and feminine. Neuter nouns all end in -a in the nominative plural: okna (windows).

## ✳ cases

Polish has seven cases: nominative, accusative, genitive, dative, instrumental, locative and vocative. The nominative (the dictionary form) is used for the subject of the sentence, or in introductions following to jest … (this is …). The accusative is used for the direct object of the sentence. The genitive is the possessive case, often translated by 'of', and is also used after negation, after words of quantity, and after some prepositions. The dative goes with the indirect object, the person or object to whom/which something is given or done. The instrumental points to the means by with an action is completed. The locative is used only after certain prepositions, and to denote location. The vocative is used only when addressing people directly, and it usually has the same form as the nominative, so it's not included in the table below.

In the table below two examples are given for the masculine to account for the difference in the nominative plural forms (see plurals below), dom (house), malarz (male painter), gazeta (newspaper), okno (window).

|  | MASC. | FEM. | NEUTER | PLURAL |
|---|---|---|---|---|
| **nom** | dom, malarz | gazeta | okno | malarze, domy, gazety, okna |
| **acc** | dom, malarza | gazetę | okno | malarzy, domy, gazety, okna |
| **gen** | domu, malarza | gazety | okna | malarzy, domów, gazet, okien |
| **dat** | domowi, malarzowi | gazecie | oknu | malarzom, domom, gazetom, oknom |
| **inst** | domem, malarzem | gazetą | oknem | malarzami, domami, gazetami, oknami |
| **loc** | domu, malarzu | gazecie | oknu | malarzach, domach, gazetach, oknach |

# ✳ articles (a, an, the)

Polish has no articles. If you want to say 'what a lovely day' it is: jaki piękny dzień (lit. 'what lovely day'). 'In the evening' is wieczorem (lit. 'in evening').

# ✳ subject pronouns (I, you, he, she, etc.)

There are two forms for 'they' in Polish: oni (masculine and mixed gender: men, or men and women) and one (masculine non-personal, feminine and neuter nouns).

| SINGULAR (NOM) | | PLURAL (NOM) | |
|---|---|---|---|
| ja | I | my | we |
| ty | you | wy | you |
| on | he | | |
| ona | she | | |
| ono | it | oni/one | they |

# ✳ possessives (my, your, his, her, etc.)

Possessives have different endings in different cases. They are shown as masculine/feminine/neuter.

| SINGULAR (NOM) | | PLURAL (NOM) | |
|---|---|---|---|
| mój/moja/moje | my | nasz/nasza/nasze | our |
| twój/twoja/twoje | your | wasz/wasza/wasze | your |
| jego/jej/jego | his/her/ its | ich | their |

There is no Polish equivalent to the English apostrophe s as in 'John's brother'; this is expressed by the genitive ending instead: dom mojego ojca (my father's house).

# * adjectives

In the nominative plural all adjectives end in -e, except for those referring to masculine human gender, compare: dobrzy sąsiedzi (good male or mixed male and female neighbours), and dobre koleżanki (good female friends). In the accusative masculine there is a distinction between living things and non-living objects. You say mam dużego psa (I have a big dog), but mam duży dom (I have a big house).

|       | MASC.          | FEM.   | NEUTER  | PLURAL          |
|-------|----------------|--------|---------|-----------------|
| nom   | dobry          | dobra  | dobre   | dobrzy, dobre   |
| acc   | dobrego, dobry | dobrą  | dobre   | dobrych, dobre  |
| gen   | dobrego        | dobrej | dobrego | dobrych         |
| dat   | dobremu        | dobrej | dobremu | dobrym          |
| inst  | dobrym         | dobrą  | dobrym  | dobrymi         |
| loc   | dobrym         | dobrej | dobrym  | dobrych         |

The three genders are indicated in the phrases and in the dictionary with the masculine form first, dobry/a/e (good).

# * word order

Because of the system of endings for verbs and nouns word order in Polish is fairly flexible, and the subject of a complex sentence can often be found at the end. If a word needs emphasis it is often placed at the beginning of the sentence.

# ✳ verbs

Almost all Polish verbs have two different forms in the infinitive. There are also two forms in the past and future tenses, depending on whether one is expressing 'the completeness' of the one-off action (known as the perfective form), or 'the incompleteness' of the action (the imperfective form). For example Oglądałam film (I was watching a film) doesn't necessarily mean viewing to the end of the film, whereas obejrzałam film suggests watching it to the end. In addition, many verbs have irregular forms, so the language you encounter in written and spoken Polish can have very different forms to the infinitive form of the verb.

# ✳ verb tenses

There are only three tenses in Polish: present, past and future. Verbs have different endings according to person, number (singular or plural), tense and gender (in the past tense only). There is no need to use personal pronouns to start a sentence as in English.

## the verb 'to be': być

| PRESENT TENSE | |
|---|---|
| I am | (ja) jestem |
| you are | (ty) jesteś |
| he/she/it is | (on/ona/ono) jest |
| we are | (my) jesteśmy |
| you are | (wy) jesteście |
| they are (m/f) | (oni/one) są |

## PAST TENSE

| | |
|---|---|
| **I was** (m/f) | (ja) byłem/byłam |
| **you were** (m/f) | (ty) byłeś/byłaś |
| **he/she/it was** | (on) był/ (ona) była/ |
| (m/f/n) | (ono) było |
| **we were** (m/f) | (my) byliśmy/byłyśmy |
| **you were** (m/f) | (wy) byliście/byłyście |
| **they were** (m/f) | (oni) byli/(one) były |

## FUTURE TENSE

| | |
|---|---|
| **I will be** | (ja) będę |
| **you will be** | (ty) będziesz |
| **he/she/it will be** | (on/ona/ono ) będzie |
| **we will be** | (my) będziemy |
| **you will be** | (wy) będziecie |
| **they will be** (m/f) | (oni/one) będą |

## ✳ the verb 'to go'

Polish has two different verbs for 'to go': iść (on foot) and jechać (go by transport). As with all verbs of motion, there are many forms of these verbs to indicate perfective or imperfective, and the direction of the movement. The first of the two verb forms in the table below is going 'on foot', and the second is 'by transport'. Both are imperfective.

## PRESENT TENSE

| I go | idę jadę |
|---|---|
| you go | idziesz jedziesz |
| he/she/it goes | idzie jedzie |
| we go | idziemy jedziemy |
| you go | idziecie jedziecie |
| they go | idą jadą |

## PAST TENSE

| I went (m/f) | szedłem/szłam jechałem/jechałam |
|---|---|
| you went (m/f) | szedłeś/szłaś jechałeś/jechałaś |
| he/she/it went (m/f/n) | szedł/szła/szło jechał/jechała/jechało |
| we went (m/f) | szliśmy/szłyśmy jechaliśmy/jechałyśmy |
| you went (m/f) | szliście/szłyście jechaliście/jechałyście |
| they went (m/f) | szli/szły jechali/jechały |

To get the imperfective future of a verb you need its imperfective infinitve: iść (to go on foot) and the future form of być (to be), e.g. będę iść (I'll go).

## ✳ negatives

Negatives are formed by putting the word nie in front of the verb, e.g. nie mam dzieci (I don't have any children); nie rozumiem (I don't understand). Remember that after negation the genitive case is used.

Polish uses double (or more) negatives: nigdy nic nie rozumiesz (you never understand anything); here nic means 'nothing', nigdy 'never', nie 'not'.

# ✳ questions

The word order in questions is the same as in an ordinary statement. To indicate that you are asking a question you make your voice rise at the end of the sentence. The main question words are: gdzie (where), kiedy (when), co (what), kto (who), czyj/a/e (whose), jaki/a/e (what...like) jak (how), dlaczego (why).

Yes/no questions can be preceded by the word czy, although it's not necessary to use it. (Czy) mogę tu zaparkować? (Can I park here?).

# English – Polish dictionary

Nouns are given with their gender in brackets: (m) for masculine and (f) for feminine, with (m/f) for those referring to either male or female, (n) for neuter, (s) for singular, (pl) for plural. Other abbreviations: (adj.) adjective, (adv.) adverb.

Adjectives have different endings for masculine, feminine and neuter. See basic grammar, page 148 for further explanation.

There's a list of car parts on page 56 and parts of the body on page 138. See also the menu reader on page 89, and numbers on page 14.

## A

**abbey** opactwo (n) *opatsfo*

**about** (*relating to*) o o (*approximately*) około *okowo*

**above** nad *nat*

**abroad** za granicą *za graneetsow*

**abscess** wrzód (m) *vzhoot*

**to accept** (*take*)akceptować; przyjmować *aktseptovach; pshiymovach*

**accident** wypadek (m) *vipadek*

**accommodation** zakwaterowanie (n) *zakfaterovanie*

**account** (*bank*) konto (n) *konto*

**ache** ból (m) *bool*

**across** przez *pshes* (*opposite*) po drugiej stronie *po droogiey stronie*

**to act** grać *grach*

**actor** actor (m) aktorka (f) *actor, aktorka*

**adaptor** rozgałęziacz (m) *rozgawenzhach*

**addicted** uzależniony/a/e *oozalezhnioni/ a/e*

**address** adres (m) *adres*

**admission** wstęp (m) *fstemp*

**admission charge** opłata za wstęp (f) *opwata za fstemp*

**adopted** adoptowany/a/e *adoptovani/ a/e*

**adult** dorosły/a/e *doroswi/a/e*

**advance** (*early payment*) przedpłata *pshetpwata* (*forward movement*) do przodu *do pshodoo*

» **in advance** z góry *z goori*

**advanced** (*level*) zaawansowany/a/e *zaavansovani/a/e*

**advertisement** reklama (f) *reklama*

**aerial** antena (f) *antena*

**aeroplane** samolot (m) *samolot*

**after, afterwards** po *po*

**afternoon** popołudnie (n) *popowoodnie*

**aftershave** płyn po goleniu (m) *pwin po golenioo*

**again** znowu; jeszcze raz *znovoo; yeshche ras*

**against** przeciwko *pshecheefko*

**age** wiek (m) *viek*

**agency** agencja (f) *agentsia*

**ago** temu *temoo*

**to agree** zgadzać się *zgadzach she*

**AIDS** AIDS (m) *e-eeds*

air powietrze *povietshe*
» *(by)* air mail lotniczą *lotneechow*
air conditioning klimatyzacja *kleematizatsia*
airport lotnisko (n) *lotneesko*
aisle nawa (f) *nava*
alarm alarm (m) *alarm*
alarm clock budzik (m) *boodjeek*
alcohol alkohol (m) *alkohol*
alcoholic alkoholowy/a/e *alkoholovi/a/e (person)* alkoholik (m), alkoholiczka (f) *alkoholeek, alkoholeechka*
alive żywy/a/e *zhivi/a/e*
all *(things)* wszystko *fshistko*
all *(people)* wszyscy *fshistsi*
allergic to uczulony/a/e na *oochoolony/a/e na*
alley (f) aleja *aleya*
to allow pozwolić *pozvoleech*
allowed dozwolony/a/e *dozvoloni/a/e*
all right *(OK)* dobrze *dobzhe*
alone sam/a/e *sam/a/e*
already już *yoosh*
also też *tesh*
although mimo że *meemo zhe*
always zawsze *zafshe*
ambassador ambasador (m) *ambasador*
amber bursztyn (m) *boorshtin*
ambition ambicja (f) *ambeetsia*
ambitious ambitny/a/e *ambeetni/a/e*
ambulance ambulans (m) *amboolans*
among wśród *fshroot*
amount *(money)* ilość (f) *eeloshch*
amusement park wesołe miasteczko *vesowe miastechko*
anaesthetic *(local)* znieczulenie (n) (miejscowe) *zniechoolenie (mieystsove); (general)* ogólne *ogoolne*
and i *ee*
angry zły/a/e *zwi/a/e*
ankle kostka (f) *kostka*
animal zwierzę (n) *zvierzhe*
anniversary rocznica (f) *rochneetsa*
annoyed zirytowany/a/e *zeeritovani/a/e*

another inny/a/e *eenni/a/e*
answer odpowiedź (f) *otpoviech*
to answer odpowiedzieć *otpoviedzhech*
antibiotic antybiotyk (m) *antibiotik*
antique *(noun)* antyk (m) *antik*
antique *(adj.)* antyczny/a/e *antichni/a/e*
antiseptic *(noun)* antyseptyk *antiseptic*
anxious zaniepokojony/a/e *zaniepokoyoni/a/e*
anyone *(adj.)* każdy/a/e *kazhdi/a/e*
anything wszystko *fshistko*
anything else coś jeszcze *tsosh yeshche*
anyway w każdym razie *f kazhdim razhe*
anywhere gdziekolwiek *gdjekolviek*
apart *(from)* z wyjątkiem *z viyontkiem*
apartment apartament (m) *apartament;* mieszkanie (n) *mieshkanie*
appendicitis zapalenie wyrostka robaczkowego (n) *zapalenie virostka robachkovego*
apple jabłko (n) *yapko*
appointment wizyta (f) *vizita*
approximately w przybliżeniu, około *f pshibleezhenioo, okowo*
arch łuk (m) *wook*
archaeology archeologia (f) *arheologia*
architect architect (m/f) *arheetekt*
area powierzchnia (f) *povieshhnia*
argument dyskusja (f) *diskoosia*
arm ramię (n) *ramie*
armbands *(swimming)* motylki do pływania *motilkee do pwivania*
army armia (f) *armia*
around dookoła *do-okowa*
to arrange *(fix)* załatwić *zawatfeech*
arrest: under arrest zaaresztowany/a/e *za-areshtovani/a/e*
arrival *(plane, train)* przylot, przyjazd *pshilot, pshiyazd*
to arrive *(plane, train)* przylecieć, przyjechać *pshilechech, pshiyehach*
art sztuka (f) *shtooka*
art gallery galeria sztuki (f) *galeria shtookee*

» **fine arts** sztuki piękne (f/pl) *shtookee pienkne*

**arthritis** artretyzm (m) *artretizm*

**article** artykuł (m) *artikoow*

**artificial** sztuczny/a/e *shtoochni/a/e*

**artist** *(m/f)* artysta, artystka *artista, artistka*

**as** *(like)* jak *yak*

**ashtray** popielniczka (f) *popielneechka*

to **ask** zapytać (się) *zapitach (she)*

**aspirin** aspiryna (f) *aspeerina*

**assistant** *(m/f)* asystent, asystentka *asistent, asistentka*

**asthma** astma (f) *astma*

**at** na, w *na,v*

(@) mała *mawpa*

**athletics** atletyka (f) *atletika*

**atmosphere** atmosfera (f) *atmosfera*

to **attack** atakować *atakovach*

*(mug)* napaść *napashch*

**attractive** atrakcyjny/a/e *atraktsiyni/a/e*

**auction** aukcja (f) *aooktsia*

**aunt** ciocia (f) *chocha*

**author** autor, autorka (m/f) *aootor, aootorka*

**automatic** automatyczny/a/e *aootomatichni/a/e*

**autumn** jesień *yeshen*

**avalanche** lawina (f) *laveena*

to **avoid** unikać *ooneekach*

**away** *(from)* z dala od *z dala ot*

**awful** okropny/a/e *okropny/a/e*

## B

**baby** niemowlę (n) *niemovle*

**baby food** jedzenie dla dzieci (n) *yedzenie dla djechee*

**baby wipes** chusteczki do wycierania dzieci (f/pl) *hoostechkee do vicherania djechee*

**baby's bottle** butelka dla dziecka (f) *bootelka dla djetska*

**babysitter** osoba do pilnowania dziecka *osoba do peelnovania djetska*

**back** *(reverse side)* tył (m) *tiw*

» **at the back** w tyle *ftile*

**backwards** do tyłu *do tiwoo*

**bacon** boczek (m) *bochek*

**bad** *(food)* zepsute *zepsoote*

**bag** torba (f) *torba*

**baggage** bagaż (m) *bagash*

**baker's** piekarnia (f) *piekarnia*

**balcony** balkon (m) *balkon*

**bald** łysy/a/e *wisi/a/e*

**ball** *(tennis, etc.)* piłka (f) *peewka*

**ballet** balet (m) *balet*

**ballpoint pen** długopis (m) *dwoogopees*

**banana** banan (m) *banan*

**band** *(music)* zespół (m) *zespoow*

**bandage** bandaż (m) *bandash*

**bank** *(money)* bank (m) *bank*

**bar** bar (m) *bar*

**barber's** fryzjer męski (m) *frizyer menskee*

**bargain** oferta (f) *oferta*

**baseball cap** bejsbolówka (f) *beysboloofka*

**basement** suterena (f) *sooterena*

**basin** umywalka (f) *oomivalka*

**basket** koszyk (m) *koshik*

**basketball** koszykówka (f) *koshikoofka*

**bath** kąpiel (f) *kompiel*

to have a **bath** brać kąpiel *brach kompiel*

to **bathe** kąpać się w wodzie *kompach she v vodje*

**bathing costume** kostium do pływania (m) *kostioom do pwivania*

**bathroom** łazienka (f) *wazhenka*

**battery** bateria (f) *bateria*

**bay** zatoka (f) *zatoka*

to **be** być *bich*

**beach** plaża (f) *plazha*

**beans** fasola (f) *fasola*

**beard** broda (f)*broda*

**beautiful** piękny/a/e *pienkni/a/e*

**because** bo, ponieważ *bo, ponievash*

bed łóżko (n) *wooshko*

bedroom sypialnia (f) *sipialnia*

bee pszczoła (f) *pshchowa*

beef wołowina (f) *vowoveena*

beer piwo (n) *peevo*

before przed *pshet*

to begin zacząć *zachonch*

beginner początkujący/a/e *pochontkooyontsi/a/e*

beginning początek *pochontek*

behind za *za*

beige beż (m) *besh*

to believe wierzyć *viezhich*

» I believe so chyba tak *hiba tak*

» I believe not chyba nie *hiba nie*

bell *(church)* dzwon (m) *dzvon* (doorbell) dzwonek (m) *dzvonek*

to belong to należeć *nalezhech* (to be a member of) być członkiem *bich chwonkiem*

below pod *pot*

belt pasek (m) *pasek*

bend zakręt (m) *zakrent*

bent zgięty/a/e *zgienti/a/e*

berry jagoda (f) *yagoda*

berth *(on ship)* koja (f) *koya*

besides poza tym *poza tim*

best najlepszy/a/e *naylepshi/a/e*

better lepszy/a/e *lepshi/a/e*

between między *miendzi*

beyond poza *poza*

bib śliniak (m) *shleeniak*

Bible Biblia (f) *beeblia*

bicycle rower *rover*

big duży/a/e *doozhi/a/e*

bigger większy/a/e *vienkshi/a/e*

bill rachunek (m) *rahoonek*

bin *(rubbish)* kosz na śmieci (m) *kosh na shmiechee*

bin liners worki na śmieci (m/pl) *vorkee na shmiechee*

binding *(ski)* wiązadło (n) *vionzadwo*

binoculars lornetka (f) *lornetka*

biology biologia (f) *biologia*

bird ptak (m) *ptak*

birthday urodziny (n) *oorodjeeni*

biscuit herbatnik (m) *herbatneek*

bishop biskup (m) *beeskoop*

bit kawałek (m) *kavawek*

to bite ugryźć *oogrishch*

bitter gorzki/a/e *goshkee/a/e*

black czarny/a/e *charni/a/e*

black and white *(film)* czarno-biały *charno-biawi*

black coffee kawa czarna *kava charna*

blackcurrant czarna porzeczka (f) *charna pozhechka*

blanket koc (m) *kots*

to bleed krwawić *krfaveech*

blind niewidomy/a/e *nieveedomi/a/e*

blister pęcherz (m) *penhesh*

to block *(road)* zablokować *zablokovach*

blonde (m/f) blondyn, blondynka *blondin, blondinka*

blood krew (f) *kref*

blouse bluzka (f) *blooska*

to blow dmuchać *dmoohach*

to blow-dry wysuszyć włosy suszarką *visooshich vwosi soosharkow*

blue niebieski/a *niebieskee/a*

blusher róż (m) *roosh*

to board wejść *veyshch*

boarding card karta pokładowa (f) *karta pokwadova*

boat łódź (f), statek (m) *wooch, statek*

boat trip wycieczka łodzią/statkiem *vichechka wodjow/statkiem*

body ciało (n) *chawo*

to boil gotować *gotovach*

boiled egg jajko gotowane (n) *yayko gotovane*

boiler bojler (m) *boyler*

bomb bomba (f) *bomba*

bone kość (f) *koshch*

book książka (f) *kshonshka*

to book rezerwować *rezervovach*

booking rezerwacja (f) *rezervatsia*

booking office kasa biletowa *kasa beeletova*

bookshop księgarnia (f) *kshengarnia*

boots *(shoe)* botki (m/pl) *botkee*

border *(edge)* krawędź (f) *kravench* *(frontier)* granica (f) *graneetsa*

boring nudny/a/e *noodni/a/e*

bottle butelka (f) *bootelka*

bottle opener otwieracz do butelek (m) *otfierach do bootelek*

bottom dno (n) *dno*

bow *(boat)* dziób (m) *djoop*

bow *(knot)* kokarda (f) *kokarda*

bowl miska (f) *meeska*

box pudełko (n) *poodewko* *(theatre)* loża (f) *lozha*

box office kasa biletowa (f) *kasa beeletova*

boy chłopiec (m) *hwopiets*

boyfriend chłopak, chłopiec (m) *hwopak, hwopiets*

bra biustonosz (m) *bioostonosh*

bracelet bransoletka (f) *bransoletka*

braces klamry (f/pl) *klamri*

brain mózg (m) *moozg*

branch gałąź (f) *gawonsh* (bank etc.) filia (f) *feelia*

brand marka (f) *marka*

brandy brandy (n) *brandi*

brass mosiądz (m) *moshonts*

brave odważny/a/e *odvazhni/a/e*

bread chleb (m) *hlep*

bread roll bułka (f) *boowka*

» wholemeal bread pełnoziarnisty *pewnozharneesti*

to break złamać *zwamach*

to break down zepsuć się *zepsooch she*

breakdown truck samochód pomocy drogowej (m) *samohoot pomotsi drogovey*

breakfast śniadanie (n) *shniadanie*

breast pierś (f) *piersh*

to breathe oddychać *oddihach*

bricklayer murarz (m) *moorash*

bride panna młoda (f) *panna mwoda*

bridegroom pan młody (m) *pan mwodi*

bridge most (m) *most*

briefcase aktówka (f) *aktoofka*

bright *(colour)* żywy/a/e *zhivi/a/e* *(light)* jasny/a/e *yasni/a/e*

to bring przynieść *pshiniesch*

British brytyjski/a/e *britiyskee/a/e*

broad szeroki/a/e *sherokee/a/e*

brochure broszura (f), prospekt (m) *broshoora, prospekt*

broken złamany/a/e *zwamani/a/e*

bronchitis zapalenie oskrzeli (n) *zapalenie oskshelee*

bronze brąz (m) *bronz*

brooch broszka (f) *broshka*

broom szczotka (f) *shchotka*

brother brat (m) *brat*

brother-in-law szwagier (m) *shfagier*

brown brązowy/a/e *bronzovi/a/e*

bruise siniak (m) *sheeniak*

brush *(hair)* szczotka do włosów (f) *shchotka do vwosoof*

bucket wiadro (n) *viadro*

buffet bufet (m) *boofet*

to build budować *boodovach*

builder budowniczy (m) *boodovneechi*

building budynek (m)*boodinek*

building site teren budowy (m) *teren boodovi*

bulb *(light)* żarówka (f) *zharoofka*

bull byk (m) *bik*

burn *(on skin)* oparzenie (n) *opazhenie*

burnt *(food)* spalony/a/e *spaloni/a/e*

bus autobus (m) *awtoboos*

» by bus autobusem *aootoboosem*

bus-driver kierowca autobusu (m) *kieroftsa aootoboosoo*

business biznes (m) *biznes*

business trip wyjazd służbowy (m) *viyazd swoozhbovi*

» on business służbowo *swoozhbovo*

**businessman/woman** biznesman/ bizneswoman *biznesmen/ bisneswoomen*

**business studies** studia biznesu i administracji (n/pl) *stoodia biznesoo ee admeeneestratsee*

**bus station** dworzec autobusowy (m) *dvozhets aootoboosove*

**bus stop** przystanek autobusowy (m) *pshistanek aootoboosovi*

**busy** zajęty/a/e *zayenti/a/e*

**but** ale *ale*

**butane gas** butan (m) *bootan*

**butcher's** rzeźnik (m), sklep mięsny *zhezhneek, sklep miensni*

**butter** masło (n) *maswo*

**butterfly** motyl (m) *motil*

**button** guzik (m) *goozheek*

to **buy** kupić *koopeech*

**by** przez *pshes*

# C

**cabin** kabina (f) *kabeena*

**cable car** kolejka linowa (f) *koleyka leenova*

**café** kawiarnia (f) *kaviarnia*

**cake** ciastko (n) *chastko*

**cake shop** cukiernia (f) *tsookiernia*

**calculator** kalkulator (m) *kalkoolator*

**call** (phone) telefon (m) *telefon*

to **call** zadzwonić *zadzvoneech*

to **be called** nazywać się *nazivats she*

**calm** spokojny/a/e *spokoyni/a/e*

**camera** aparat fotograficzny (m) *aparat fotografeechni*

to **camp** być na obozie *bich na obozhe*

**camp bed** łóżko polowe (n) *wooshko polove*

**camping** obozowanie (n) *obozovanie*

**campsite** pole kampingowe (n) *pole kampeengove*

**can** (to be able) móc *moots*

**can** (tin) puszka (f) *pooshka*

**can opener** otwieracz do puszek (m) *otfierach do pooshek*

to **cancel** odwołać *odvowach*

**cancer** rak (m) *rak*

**candle** świeca (f) *shfietsa*

**canoe** kajak (m) *kayak*

**capital** (city) stolica (f) *stoleetsa*

**captain** (boat) kapitan (m) *kapeetan*

**car** samochód (m) *samohoot*

» **by car** samochodem *samohodem*

**car hire** wynajem samochodów (m) *vinayem samohodoof*

**car park** parking (m) *parkeenk*

**carafe** karafka (f) *karafka*

**caravan** przyczepa kampingowa (f) *pshichepa kampeengova*

**caravan site** pole kampingowe (n) *pole kampeengove*

**cardigan** sweter (m) *sfeter*

**career** kariera (f) *kariera*

**careful** ostrożny/a/e *ostrozhni/a/e*

to **be careful** być ostrożnym *bich ostrozhnim*

**careless** nieostrożny/a/e *nie-ostrozhni/a/e*

**carpenter** stolarz (m) *stolash*

**carpet** dywan (m) *divan*

**carriage** (rail) wagon (m) *vagon*

**carrier bag** reklamówka *reklamoofka*

to **carry** nieść *nieshch*

to **carry on** (walking/driving) kontynuować *kontinoo-ovach*

**car wash** myjnia samochodów (f) *miynia samohodoof*

**case: in case** w razie *vrazhe*

**cash** gotówka (f) *gotoofka*

» to **pay cash** zapłacić gotówką *zapwacheech gotoofkow*

to **cash a cheque** zrealizować czek *zre-aleezovach chek*

**cash desk, cashier** kasa (f) *kasa*

**cassette** kaseta (f) *kaseta*

**castle** (palace) zamek (m) *zamek* (fortress) twierdza (f) *tfierdza*

**cat** kot *kot*

catalogue katalog (m) *katalog*

to catch *(train/bus)* zdążyć na *zdonzhich na*

cathedral katedra (f) *katedra*

Catholic katolik (m) *katoleek*

to cause spowodować *spovodovach*

caution ostrożność (f) *ostrozhnoshch*

cave jaskinia (f) *yaskeenia*

CD CD (f) płyta kompaktowa *pwita kompaktova*

CD-Rom CD-Rom *tse de rom*

ceiling sufit (m) *soofeet*

cellar piwnica (f) *peevneetsa*

cemetery cmentarz (m) *tsmentash*

centimetre centymetr (m) *tsentimetr*

central centralny/a/e, środkowy/a/e *tsentralni/a/e, shrotkovi/a/e*

central heating centralne ogrzewanie (n) *tsentralne ogzhevanie*

centre centrum (n), środek (m) *tsentroom, shrodek*

century wiek (m) *viek*

certain pewny/a/e *pevni/a/e*

certainly oczywiście *ochivishche*

certificate zaświadczenie (n) *zashfiatchenie*

chain łańcuch (m) *wantsooh*

chair krzesło (n) *ksheswo*

chair lift wyciąg krzesełkowy (m) *vichonk kshesewkovi*

chalet chata (f) *hata*

champagne szampan (m) *shampan*

change *(small coins)* drobne (pl) *drobne*

to change *(clothes)* przebrać się *pshebrach sie (money)* wymienić pieniądze *vimieneech pieniondze (train)* przesiadać się *psheshadach she*

changing room przymierzalnia (f) *pshimiezhalnia*

chapel kaplica (f) *kapleetsa*

charcoal węgiel drzewny (m) *vengiel djevni*

charge *(money)* opłata (f) *opwata*

charger *(phone)* ładowarka (f) *wadovarka*

charter flight lot czarterowy (m) *lot charterovi*

cheap tani/a/e *tanee/a/e*

to check sprawdzić *spravdjeech*

check-in *(desk)* odprawa (f) *otprava*

to check in zgłosić się do odprawy *zgwosheech she do otpravi*

cheek policzek (m) *poleechek*

cheeky bezczelny/a/e *beschelni/a/e*

cheers! na zdrowie! *na zdrovie*

cheese ser (m) *ser*

chef szef kuchni *shef koohnee*

chemist's *(medical)* apteka (f) *apteka (toiletries)* drogeria (f) *drogeria*

chemistry chemia (f) *hemia*

cheque czek (m) *chek*

chess szachy (m/pl) *shahi*

chewing gum guma do żucia (f) *gooma do zhoocha*

chicken kurczak (m) *koorchak*

chickenpox wietrzna ospa (f) *vietshna ospa*

child dziecko (n) *djetsko*

children *(sons and daughters)* dzieci *djechee*

chimney komin (m) *komeen*

chin podbródek (m) *potbroodek*

china porcelana (f) *portselana*

chips frytki (f/pl) *fritkee*

chocolate czekolada (f) *chekolada*

to choose wybrać *vibrach*

Christian chrześcijanin (m), chrześcijanka (f) *hsheshcheeyaneen, hsheshcheeyanka*

Christian name imię (n) *eemie*

Christmas Boże Narodzenie (n) *bozhe narodzenie*

Christmas Day Pierwszy Dzień Świąt (m) *piershi djen shfiont*

Christmas Eve Wigilia (f) *veegeelia*

church kościół (m) *koshchoow*

cigarette papieros (m) *papieros*

C

cinema kino (n) *keeno*
circle koło (n) *kowo* (theatre) balkon
(m) *balkon*
city miasto (n) *miasto*
civil servant funkcjonariusz państwowy
*foonktsionarioosh panstfovi*
class klasa (f) *klasa*
classical music muzyka klasyczna (f)
*moozika klasichna*
claustrophobia klaustrofobia (f)
*kla-oostrofobia*
to clean sprzątać *spshontach*
clean czysty/a/e *chisti/a/e*
cleaner sprzątaczka (f) *spshontachka*
cleansing lotion mleczko kosmetyczne
(n) *mlechko kosmetichne*
clear czysty/a/e *chisti/a/e*
clerk urzędnik (m), urzędniczka (f)
*oozhendneek, oozhendneechka*
clever inteligentny/a/e *eenteleegentni/
a/e*
to click (computer) kliknąć *kleeknonch*
cliff klif *kleef*
climate klimat (m) *kleemat*
to climb wspinać się *fspeenach she*
climber alpinista (m), alpinistka (f)
*alpeeneesta, alpeeneestka*
clinic klinika (f) *kleeneeka*
cloakroom szatnia (f) *shatnia*
clock zegar (m) *zegar*
close (by) blisko *bleesko*
to close zamknąć *zamknonch*
closed zamknięty/a/e *zamknienti/a/e*
cloth (dish) ścierka (f) *shcherka*
clothes ubranie (n) *oobranie*
clothes pegs klamerki (f/pl) *klamerkee*
cloud chmura (f) *hmoora*
cloudy pochmurno *pohmoorno*
club klub (m) *kloop*
coach autokar (m) *a-ootokar* (railway)
wagon (m) *vagon*
coal węgiel (m) *vengiel*
coarse szorstki/a/e *shorstkee/a/e*
coast wybrzeże (n) *vibzhezhe*

coat (long/short) płaszcz (m), kurtka (f)
*pwashch, koortka*
coat-hanger wieszak (m) *vieshak*
cocktail koktajl (m) *koktayl*
coffee kawa (f) *kava*
coin moneta (f) *moneta*
cold zimny/a/e *zheemni/a/e* (to have
a cold) być przeziębionym *bich
pshezhembionim*
collar kołnierz (m) *kowniesh*
colleague kolega (m), koleżanka (f)
*kolega, kolezhanka*
to collect zbierać (stamps) wybierać (to
choose) *zbierach, vibierach*
collection (stamps) kolekcja (f) *kolektsia
(postal/rubbish)* wybranie (n) *vibranie*
colour kolor (m) *kolor*
comb grzebień (m) *gzhebien*
to come (on foot) przyjść (by transport)
przyjechać *pshiysh, pshiyehach*
to come back wrócić *vroocheech*
to come in wejść *veyshch*
to come off (e.g. button) oderwać się
*odervach she*
comedy komedia (f) *komedia*
comfortable wygodny/a/e *vigodni/a/e*
comic (magazine) komiks (m) *komeeks*
commercial reklama (f) *reklama*
common (usual) zwyczajny/a/e
*zvichayni/a/e* (shared) wspólny/a/e
*fspoolni/a/e*
communism komunizm (m)
*komooneezm*
company firma (f) *feerma*
compared with w porównaniu z
*f poroovnanioo z*
compartment przedział (m) *pshedjaw*
compass kompas (m) *kompas*
to complain złożyć zażalenie *zwozhich
zazhalenie*
complaint reklamacja (f) *reklamatsia*
complete (finished) skończony/a/e
*skonchoni/a/e (whole)* cały/a/e
*tsawi/a/e*

dictionary

160

complicated skomplikowany/a/e
skompleekovani/a/e

compulsory obowiązkowy/a/e
obovionskovi/a/e

composer kompozytor (m) kompozitor

computer komputer (m) kompooter

computer programmer programista
programeesta

computer science informatyka (f)
eenformatika

concert koncert (m) kontsert

concert hall sala koncertowa (f) sala
kontsertova

concussion wstrząs mózgu (m) fstshons
moozgoo

condition (state) stan (m) stan

conditioner odżywka (f) odzhifka

condom kondom (m) kondom

conference konferencja (f) konferentsia

to confirm potwierdzić potfierdjeech

conjunctivitis zapalenie spojówek (n)
zapalenie spoyoovek

connection połączenie (n) powonchenie

conscious przytomny/a/e pshitomni/a/e

conservation konserwacja (f)
konservatsia

conservative konserwatywny/a/e
konservativni/a/e

constipation zatwardzenie (n)
zatfardzenie

consulate konsulat (m) konsoolat

consultant (medicine) specjalista (m)
spetsialeesta

contact lens szkła kontaktowe (n/pl)
shkwa kontaktove

contact lens cleaner płyn do mycia
szkieł kontaktowych (m) pwin do
micha shkiew kontaktovih

contraceptive środek
antykoncepcyjny(m) shrodek
antikontseptsiyni

contract kontrakt (m) kontrakt

control (passport) kontrola (f) kontrola

convenient dogodny/a/e dogodni/a/e

convent zakon (m) zakon

cook kucharz (m), kucharka (f) koohash,
kooharka

to cook gotować gotovach

cooked gotowany/a/e gotovani/a/e

cooker kuchenka (f) koohenka

cool chłodny/a/e hwodni/a/e

cool box lodówka turystyczna (f)
lodoofka tooristichna

copper miedź (f) miech

copy kopia (f) Kopia (book) egzemplarz
(m) egzemplash

cork korek (m) korek

corkscrew korkociąg (m) korkochonk

corner (outside) róg (m) rook

correct poprawny/a/e popravni/a/e

corridor korytarz (m) koritash

cosmetics kosmetyki (m/pl) kosmetikee

to cost kosztować koshtovach

cot łóżeczko (n) woozhechko

cottage dom wiejski (m) dom vieyskee

cotton (material) bawełna (f) bavewna
(thread) nić (f) neech

cotton wool wata (f) vata

couchette kuszetka (f) kooshetka

cough kaszel (m) kashel

to cough kaszleć kashlech

to count liczyć leechich

counter (post office) okienko (n) okienko

country kraj (m) kray

country (side) wieś (f) viesh
  » in the country na wsi na fshee

couple (pair) para (f) para

course (lessons) kurs (m), studia (pl)
koors, stoodia

court (law) sąd (m) sont (tennis)
kort (m) kort

cousin kuzyn (m), kuzynka (f) koozin,
koozinka

cover (lid) pokrywka (f) pokrifka

cow krowa (f) krova

cramp skurcz (m) skoorch

crayon kredka świecowa kretka
shfietsova

crazy szalony/a/e *shaloni/a/e*

cream śmietana (f) *shmietana (lotion)*
krem (m) *krem (colour)* kremowy
*kremovi*

credit card karta kredytowa (f) *karta
kreditova*

crisps chipsy (pl) *chipsi*

cross krzyż (m) *kshish*

to cross *(border)* przekroczyć *pshekrochich*

cross-country skiing jazda na nartach
biegowych (f) *yazda na nartah biegovih*

crossing *(sea)* przeprawa statkiem (f)
*psheprava statkiem*

crossroads skrzyżowanie (n)
*skshishovanie*

crowd tłum (m) *twoom*

crowded zatłoczony/a/e *zatwochoni/a/e*

crown korona (f) *korona*

cruise rejs statkiem (m) *reys statkiem*

crutch kula (f) *koola*

to cry płakać *pwakach*

crystal kryształ (m) *krishtaw*

cup filiżanka (f) *feeleezhanka*

cupboard szafka (f) *shafka*

cure *(remedy)* lekarstwo (n) *lekarstfo*

to cure wyleczyć *vilechich*

curly kręcony/a/e *krentsoni/a/e*

current *(electrical)* prąd (m) *pront*

curtain zasłona (f) *zaswona*

curve zakręt (m) *zakrent*

cushion poduszka (f) *podooshka*

customs odprawa celna (f) *otprava
tselna*

cut skaleczenie (n) *skalechenie*

to cut ciąć *chonch*

to cut oneself skaleczyć się *skalechich she*

cutlery sztućce (m/pl) *shtoochtse*

cycling jazda rowerem (f) *yazda
roverem*

cyclist rowerzysta (m) *rovezhista*

cystitis zapalenie pęcherza (n) *zapalenie
penhezha*

# D

daily codziennie *tsodjennie*

damage uszkodzenie (n) *ooshkodzenie*

to damage uszkodzić *ooshkodjeech*

damp wilgoć (f) *veelgoch*

dance taniec (m) *taniets*

to dance tańczyć *tanchich*

danger niebezpieczeństwo (n)
*niebespiechenstfo*

dangerous niebezpieczny/a/e
*niebespiechni/a/e*

dark ciemny/a/e *chemni/a/e*

darling kochany/a/e *kohani/a/e*

date *(day)* data (f) *data*

dates daktyle (m/pl) *daktile*

daughter córka (f) *tsoorka*

daughter-in-law synowa (f) *sinova*

day dzień (m) *djen*

day after tomorrow pojutrze *poyootshe*

day before yesterday przedwczoraj
*pshetfchoray*

dead zmarły/a/e *zmarwi/a/e*

deaf głuchy/a/e *gwoohi/a/e*

dealer handlarz (m), handlarka (f)
*handlash, handlarka*

dear *(loved)* kochany/a/e *kohani/a/e*
*(expensive)* drogi/a/e *drogee/a/e*

death śmierć (f) *shmierch*

debt dług (m) *dwook*

decaffeinated bezkofeinowy/a/e
*beskofe-eenovi/a/e*

deck pokład (m) *pokwat*

deckchair leżak (m) *lezhak*

to decide zdecydować *zdetsidovach*

to declare zadeklarować *zadeklarovach*

deep głęboki/a/e *gwembokee/a/e*

deer jeleń (m) *yelen*

defect defekt (m) *defekt*

defective uszkodzony/a/e *ooshkodzoni/
a/e*

definitely zdecydowanie *zdetsidovanie*

to defrost rozmrażać *rozmrazhach*

degree *(temperature)* stopień (m) *stopien*
*(university)* tytuł (m) *titoow*

delay opóźnienie (n) *opoozhnienie*

delicate delikatny/a/e *deleekatni/a/e*

delicious wyśmienity/a/e *vishmieneeti/a/e*

to deliver dostarczyć *dostarchich*

delivery dostawa (f) *dostava*

demonstration manifestacja (f) *maneefestatsia*

denim dżins (m) *djeens*

dentist dentysta (m), dentystka (f) *denteesta, dentistka*

denture sztuczna szczęka (f) *shtoochna shchenka*

deodorant dezodorant (m) *dezodorant*

to depart (transport) odjeżdżać *odyezhdjach*

department wydział (m) *vidjaw*

department store dom towarowy (m) *dom tovarovi*

departure (transport) odjazd (m) *odiast*

departure lounge hala odlotów (f) *hala odlotoof*

deposit zaliczka *zaleechka*

to describe opisać *opeesach*

description opis (m) *opees*

desert pustynia (f) *poostinia*

design projekt (m) *proyekt*

to design zaprojektować *zaproyektovach*

designer projektant (m) projektantka (f) *proyektant, proyektantka*

dessert deser (m) *deser*

destination cel podróży (m) *tsel podroozhi*

detail szczegół (m) *shchegoow*

detergent detergent (m) *detergent*

to develop (film) wywołać *vivowach*

diabetes cukrzyca (f) *tsookshitsa*

diabetic cukrzyk (m) *tsookshik*

to dial wykręcić *vikrencheech*

dialling code numer kierunkowy (m) *noomer kieroonkovi*

dialling tone sygnał (m) *signaw*

diamond diament (m) *diament*

diarrhoea rozwolnienie (n) *rozvolnienie*

diary terminarz (m) *termeenash*

dice kostka (f) *kostka*

dictator dyktator (m) *diktator*

dictionary słownik (m) *swovneek*

to die umrzeć *oomzhech*

diesel diesel (m) *deezel*

diet dieta (f) *dieta*

different inny/a/e *eenni/a/e*

difficult trudny/a/e *troodni/a/e*

digital cyfrowy/a/e *tsifrovi/a/e*

digital camera cyfrowy aparat fotograficzny *tsifrovi aparat fotografeechni*

dining room jadalnia (f) *yadalnia*

dinner obiad (m) *obiat*

diplomat dyplomata (m), dyplomatka (f) *diplomata/diplomatka*

direct (train) bezpośredni/a/e *besposhrednee/a/e*

direction kierunek (m) *kieroonek*

director dyrektor (m)/dyrektorka (f) *direktor/direktorka*

directory (telephone) książka telefoniczna (f) *kshonshka telefoneechna*

dirty brudny/a/e *broodni/a/e*

disabled inwalida (m), inwalidka (f) *eenvaleeda/eenvaleetka*

disappointed rozczarowany/a/e *roscharovani/a/e*

disc dysk (m) *disk*

disco dyskoteka (f) *diskoteka*

discount zniżka (f) *zneeshka*

dish (food) danie (n) *danie*

dishwasher zmywarka (f) *zmivarka*

disinfectant dezynfektant (m) *dezinfektant*

dislocated zwichnięty/a/e *zveehnienti/a/e*

distance odległość (f) *odlegwoshch*

distilled water woda destylowana (f) *voda destilovana*

district (of town) dzielnica (f) *djelneetsa* (of country) rejon (m) *reyon*

to dive nurkować *noorkovach*

diversion objazd (m) *obiazd*

diving nurkowanie (n) *noorkovanie*

divorced rozwiedziony/a/e *rozviedjoni/ a/e*

dizzy zawrotny/a/e *zavrotni/a/e*

DJ dyskdżokej (m/f) *diskdjokey*

to do robić *robeech*

doctor lekarz (m)/ lekarka (f) *lekash/ lekarka*

document dokument (m) *dokooment*

dog pies (m) *pyes*

doll lalka (f) *lalka*

dollar dolar (m) *dolar*

dome kopuła (f) *kopoowa*

donkey osioł (m) *oshow*

door drzwi (n/pl) *djvee*

dot com kropka kom *kropka kom*

double podwójny/a/e *podvooyni/a/e*

double bed łóżko podwójne (n) *wooshko podvooyne*

dough ciasto (n) *chasto*

down (movement) w dół *vdoow*

to download ściągnąć *shchongnonch*

downstairs na dole *na dole*

drain (in the street) ściek (m) *shchek*

drama dramat (m) *dramat*

draught (air) przeciąg (m) *pshechonk*

draught beer piwo z beczki (n) *peevo z bechkee*

to draw rysować *risovach*

drawer szuflada (f) *shooflada*

drawing rysunek (m) *risoonek*

dreadful okropny/a/e *okropni//a/e*

dress sukienka (f) *sookienka*

to dress, get dressed ubierać się *oobierach she*

dressing (medical) opatrunek (m) *opatroonek* (salad) sos sałatkowy (m) *sos sawatkovi*

drink napój (m) *napooy*

to drink pić *peech*

to drip kapać *kapach*

to drive prowadzić samochód *provadjeech samohoot*

driver kierowca *kieroftsa*

driving licence prawo jazdy (n) *pravo yazdi*

to drown utopić się *ootopeech she*

drug (medication) lekarstwo (n) *lekarstfo* (illicit) narkotyk (m) *narkotik*

drug addict narkoman (m), narkomanka (f) *narkoman, narkomanka*

drum bębenek (m) *bembenek*

drunk pijany/a/e *peeyani/a/e*

dry (wine) wytrawne (not wet) suchy/a/e *soohi/a/e*

dry-cleaner's pralnia chemiczna (f) *pralnia hemeechna,*

dubbed dubbingowany/a/e *dabeengovani/a/e*

duck kaczka (f) *kachka*

dull (weather) pochmurny *pohmoorni*

dumb głupi/a/e *gwoopee/a/e*

dummy (baby's) smoczek (m) *smochek*

during podczas *potchas*

dust kurz (m) *koosh*

dustbin kosz na śmieci (m) *kosh na shmiechee*

dusty zakurzony/a/e *zakoozhoni/a/e*

duty-free wolne od cła *volne ot tswa*

duvet kołdra (f) *kowdra*

DVD DVD (n) *dee vee dee*

dyslexia dysleksja (f) *disleksia*

dyslexic dyslektyk *dislektik*

## E

each, every, everyone każdy/a/e *kazhdi/a/e*

ear ucho (n) *ooho*

earache ból ucha (m) *bool ooha*

eardrops krople do uszu (f/pl) *krople do ooshoo*

earlier wcześniej *fcheshniey*

early wczesny/a/e *fchesni/a/e*

to earn zarabiać *zarabiach*

earring kolczyk (m) *kolchik*

earth ziemia (f) *zhemia*

earthquake trzęsienie ziemi (n)
    *tshenshenie zhemee*
east wschód (m) *fshoot*
eastern wschodni/a/e, orientalny/a/e
    *fshodnee/a/e, orientalni/a/e*
Easter Wielkanoc (f) *vielkanots*
easy łatwy/a/e *watfi/a/e*
to eat jeść *yeshch*
economical oszczędny/a/e *oshchendni/a/e*
economics ekonomia (f) *ekonomia*
economy gospodarka, ekonomia (f)
    *gospodarka, ekonomia*
edible jadalny/a/e *yadalni/a/e*
either każdy/a/e *kazhdi/a/e*
either ... or ... albo ... albo *albo ... albo*
elastic band guma (f) *gooma*
election wybory (m/pl) *vibori*
electric elektryczny/a/e *elektrichni/a/e*
electrician elektryk (m/f) *elektrik*
electricity elektryczność (f)
    *elektrichnoshch*
electronic elektroniczny/a/e
    *elektroneechni/a/e*
e-mail e-mail (m) *ee-me-eel*
to e-mail wysłać e-mail *viswach eeme-eel*
to embark (boat) wejść na statek *veyshch
    na statek*
embarrassing kłopotliwy/a/e
    *kwopotleevi/a/e*
embassy ambasada (f) *ambasada*
emergency nagły wypadek (m)
    *nagwi vipadek*
 » emergency telephone telefon do
    nagłych wypadków (m) *telefon do
    nagwih vipatkoof*
empty pusty/a/e *poosti/a/e*
to empty opróżnić *oproozhneech*
enamel emalia (f) *emalia*
end koniec (m) *koniets*
to end skończyć *skonchich*
energy energia (f) *energia*
engaged (to be married) zaręczony/a/e
    *zarenchoni/a/e (occupied)* zajęty/a/e
    *zayenti/a/e*

engine silnik (m) *silnik*
engineer inżynier (m/f) *eenzhinier*
England Anglia *anglia*
English (nationality) Anglik/Angielka
    (m/f) *angleek/angielka*
English (adj.) angielski/a/e *angielskee/
    a/e*
to enjoy cieszyć się *cheshich she*
enough dosyć *dosich*
to enter (foot/transport) wejść, wjechać
    *veyshch, vyehach*
entertainment rozrywka (f) *rozrifka*
enthusiastic entuzjastyczny/a/e
    *entooziastichni/a/e*
entrance (foot/transport) wejście (n),
    wjazd (m) *veyshche, viast*
envelope koperta (f) *koperta*
environment środowisko (n)
    *shrodoveesko*
environmentally friendly
    ekologiczny/a/e *ekologeechni/a/e*
equal równy/a/e *roovni/a/e*
equipment sprzęt (m) *spshent*
escalator ruchome schody (pl) *roohome
    shodi*
especially szczególnie *shchegoolnie*
essential bardzo ważny/a/e *bardzo
    vazhni/a/e*
estate agency agencja nieruchomości (f)
    *agentsia nieroohomoshchee*
even (including) nawet *navet (not odd)*
    parzysty/a/e *pazhisti/a/e*
evening wieczór (m) *viechoor*
everything wszystko *fshistko*
everywhere wszędzie *fshendje*
exact, exactly dokładny/a/e, dokładnie
    *dokwadni/a/e, dokwadnie*
examination (medical) badanie (n)
    *badanie*
example przykład (m) *pshikwat (for
    example)* na przykład *na pshikwat*
excellent doskonały/a/e *doskonawi/a/e*
except z wyjątkiem *z viyontkiem*
excess baggage nadbagaż (m) *nadbagash*

**to exchange** zamienić *zameeneech (money)*
wymienić *vimieneech*

**exchange rate** kurs wymiany (m) *koors vimiani*

**excited** rozemocjonowany/a/e *rozemotsionovani/a/e*

**exciting** pasjonujący/a/e *pasyonooyontsi/a/e*

**excursion** wycieczka (f) *vichechka*

**excuse me** przepraszam *psheprasham*

**executive** (adj.) dyrektorski/a/e *direktorskee/a/e*

**exercise** ćwiczenie (n) *chfeechenie*

**exhibition** wystawa (f) *vistava*

**exit** wyjście (n), zjazd (m), wylot (m) *viyshche, ziast, vilot*

**to expect** oczekiwać *ochekeevach*

**expensive** drogi/a/e *drogee/a/e*

**experience** doświadczenie (n) *doshfiatchenie*

**experiment** eksperyment (m) *eksperiment*

**expert** ekspert, specjalista *ekspert, spetsialeesta*

**to explain** wyjaśnić *viyashneech*

**explosion** eksplozja (f), wybuch (m) *eksplozia, vibooh*

**export** eksport (m) *eksport*

**to export** eksportować *eksportovach*

**express** (train) ekspresowy *ekspresovi* (delivery) doręczenie ekspresowe *dorenchenie ekspresove*

**extension cable** przedłużacz (m) *pshedwoozhach*

**external** zewnętrzny/a/e *zevnentshni/a/e*

**extra** (in addition) dodatkowo *dodatkovo*

**eye** oko (n) *oko*

**eyebrow pencil** ołówek do brwi (m) *owoovek do brvee*

**eyebrows** brwi (f/pl) *brvee*

**eyelashes** rzęsy (f/pl) *zhensi*

**eyeshadow** cień do powiek (m) *chen do poviek*

# F

**fabric** materiał (m) *materiaw*

**face** twarz (f) *tfash*

**face cream** krem do twarzy (m) *krem do tfazhi*

**face powder** puder do twarzy (m) *pooder do tfazhi*

**facilities** ułatwienia (n/pl) *oowatfienia*

**fact** fakt (m) *fakt*
» **in fact** faktycznie *faktichnie*

**factory** fabryka (f) *fabrika*

**to fail** (exam/test) nie zdać *nie zdach*

**failure** niepowodzenie (n) *niepovodzenie*

**to faint** zemdleć *zemdlech*

**fair** (haired) jasny/a/e *yasni/a/e*
» **trade fair** targi (m/pl) *targee*

**fairground** wesołe miasteczko (n) *vesowe miastechko*

**fairly** dosyć *dosich*

**faith** wiara (f) *viara*

**fake** sztuczny/a/e *shtoochni/a/e*

**to fall** (down/over)upaść *oopashch*

**false** fałszywy/a/e *fawshivi/a/e (teeth, etc.)* sztuczna szczęka *shtoochna shchenka*

**family** rodzina (f) *rodjeena*

**famous** słynny/a/e *swinni/a/e*

**fan** (air) wiatrak (m) *viatrak* (supporter) kibic *keebeets*

**fantastic** fantastyczny/a/e *fantastichni/a/e*

**far** (away) daleko *daleko*

**fare** opłata za przejazd (f) *opwata za psheyast*

**farm** gospodarstwo (n) *gospodarstfo*

**farmer** rolnik *rolneek*

**fashion** moda (f) *moda*

**fashionable/in fashion** modny/a/e *modni/a/e*

**fast** szybki/a/e *shipkee/a/e*

**fat** (adj.) gruby/a/e *groobi/a/e*

**fat** (noun) tłuszcz (m) *twooshch*

**fatal** śmiertelny/a/e *shmiertelni/a/e*

**father** ojciec (m) *oychets*

father-in-law teść (m) *teshch*

fault defekt (m), wada (f) *defekt, vada*

faulty wadliwy/a/e *vadleevi/a/e*

favourite ulubiony/a/e *ooloobioni/a/e*

fax faks (m) *faks*

feather pióro (n) *piooro*

to be fed up mieć dosyć *miech dosich*

fee opłata (f) *opwata*

to feed żywić się *zhiveech she* (baby) karmić *karmeech*

to feel czuć *chooch* (ill/well) czuć się *chooch she* dobrze/źle *(dobzhe/zhle)*

female (animal) samica (f) *sameetsa* (woman) kobieta (f) *kobieta*

feminist feministka (f) *femeeneestka*

fence płot (m) *pwot*

ferry prom (m) *prom*

festival festiwal (m) *festival*

to fetch przynieść *pshinieshch*

fever gorączka (f) *goronchka*

(a) few kilka *keelka*

fiancé(e) narzeczony/a *nazhechoni/a*

field pole (n) *pole*

to fight bić się *beech she*

file teczka (f) *techka* (documents) (nail/DIY) pilnik (m) *peelneek*

to fill wypełnić *vipewneech*

filling (dental) plomba (f) *plomba*

film film (m) *feelm*

film star gwiazda filmowa (f) *gviazda feelmova*

filter filtr (m) *feeltr*

finance finanse (f) *feenanse*

to find znaleźć *znaleshch*

fine (OK) dobrze *dobzhe* (penalty) grzywna (f) *gzhivna* (weather) ładna *wadna*

finger palec (m) *palets*

to finish skończyć *skonchich*

fire pożar, ogień (m) *pozhar, ogien*

fire brigade straż pożarna (f) *strash pozharna*

fire extinguisher gaśnica (f) *gashneetsa*

firewood drewno opałowe (n) *drevno opawove*

firework fajerwerk (m) *fayerverk*

firm twardy/a/e *tfardi/a/e*

firm (company) firma (f) *feerma*

first pierwszy/a/e *pierfshi/a/e*

first aid pierwsza pomoc (f) *pierfsha pomots*

first aid kit apteczka pierwszej pomocy (f) *aptechka pierfshey pomotsi*

fish ryba (f) *riba*

to fish, to go fishing łowić ryby, iść na ryby *woveech ribi, eeshch na ribi*

fishing (industry) rybołówstwo (n) *ribowoostfo* (hobby) wędkarstwo (n) *ventkarstfo*

fishing rod wędka (f) *ventka*

fishmonger's sklep rybny (m) *sklep ribni*

fit (healthy) w dobrej formie *v dobrey formie*

fitting room przebieralnia (f) *pshebieralnia*

to fix (mend) naprawić, zreperować *napraveech, zreperovach*

fizzy z gazem *z gazem*

flag flaga (f) *flaga*

flash (camera) flesz (m) *flesh*

flat (apartment) mieszkanie (n) *mieshkanie*

flat (level) płaski/a/e *pwaskee/a/e* (battery, etc) rozładowany/a/e *rozwadovani/a/e*

flavour smak (m) *smak*

flea market pchli targ (m) *phlee tark*

flight lot (m) *lot*

flippers płetwy (f/pl) *pwetfi*

flood powódź (f) *povooch*

floor (ground) podłoga (f) *podwoga* (level) piętro (n) *pientro*

 » on the first floor na pierwszym piętrze *na pierfshim pientshe*

 » ground floor parter (m) *parter*

floppy disc dyskietka (f) *diskietka*

flour mąka (f) *monka*

flower kwiat (m) *kfiat*

flu grypa (f) *gripa*

fluent (language) płynny/a/e *pwinni/a/e*

fluid płyn (m) *pwin*

fly mucha (f) *mooha*

fly spray rozpylacz na muchy (m) *rospilach na moohi*

to fly (by plane) lecieć *lechech*

fog mgła (f) *mgwa*
» it's foggy jest mgła *yest mgwa*

foil folia aluminiowa (f) *folia aloomeeniova*

folding (e.g. chair) składany/a/e *skwadani/a/e*

folk music muzyka ludowa (f) *moozika loodova*

to follow iść za *eesch za*

following (next) następny/a/e *nastempni/a/e*

food jedzenie (n) *yedzenie*

food poisoning zatrucie pokarmowe (n) *zatrooche pokarmove*

foot stopa (f) *stopa*
» on foot piechotą *piehotow*

football piłka nożna (f), futbol (m) *peewka nozhna, footbol*

footpath ścieżka (f) *shcheshka*

for dla *dla*

forbidden wzbroniony/a/e *vzbronioni/a/e*

foreign obcy/a/e *optsi/a/e*

foreigner cudzoziemiec (m), cudzoziemka (f) *tsoodzozhemiets, tsoodzozhemka*

forest las (m) *las*

to forget zapomnieć *zapomniech*

to forgive przebaczyć *pshebachich*

fork widelec (m) *veedelets*

form (document) formularz (m) *formoolash*

fortnight dwa tygodnie (m/pl) *dva tigodnie*

fortress twierdza, forteca (f) *tfierdza, fortetsa*

forward (direction) do przodu *do pshodoo*

forwarding address adres do przesłania (m) *adres do psheswania*

foundation (make-up) podkład (m) *potkwat*

fountain fontanna (f) *fontanna*

fox lis (m) *lees*

foyer foyer (n) *foyer*

fracture złamanie (n) *zwamanie*

fragile kruchy/a/e *kroohi/a/e*

freckles piegi (f/pl) *piegee*

free za darmo *za darmo* (available/ unoccupied) wolny/a/e *volni/a/e*

freedom wolność (f) *volnoshch*

to freeze marznąć *marznonch*

freezer zamrażarka (f) *zamrazharka*

frequent częsty/a/e *chensti/a/e*

fresh świeży/a/e *shfiezhi/a/e*

fridge lodówka (f) *lodoofka*

fried smażony/a/e *smazhoni/a/e*

friend przyjaciel (m), przyjaciółka (f) *pshiyachel, pshiyachoowka*

frightened przestraszony/a/e *pshestrashoni/a/e*

fringe grzywka (f) *gzhifka*

frog żaba (f) *zhaba*

from od, z *od, z*

front przód, front (m) *pshoot, front*
» in front of przed *pshet*

front door drzwi frontowe (pl) *djvee frontove*

frontier granica (f) *graneetsa*

frost przymrozek (m) *pshimrozek* mróz (m) *mrooz*

frozen zamrożony/a/e *zamrozhoni/a/e*

fruit owoce (m/pl) *ovotse*

to fry smażyć *smazhich*

frying pan patelnia (f) *patelnia*

fuel paliwo (n) *paleevo*

full pełny/a/e *pewni/a/e*
» full board z pełnym wyżywieniem *s pewnim vizhivieniem*
» full up (booked up) brak wolnych miejsc *brak volnih mieysts*

to have fun dobrze spędzać czas *dobzhe spendzach chas*

funeral pogrzeb (m) *pogzhep*

funfair wesołe miasteczko (n) *vesowe miastechko*

funny *(amusing)* zabawny/a/e *zabavni/a/e (peculiar)* dziwny/a/e *djeevni/a/e*

fur futro (n) *footro*

furniture meble (m/pl) *meble*

further on dalej *daley*

fuse bezpiecznik (m) *bespiechneek*

fusebox skrzynka bezpiecznikowa (f) *skshinka bespiechneekova*

# G

gallery galeria (f) *galeria*

gambling hazard (m) *hazart*

game gra (f) *gra (hunting)* zwierzyna (f) *zviezhina*

gangway przejście (n) *psheyshche*

garage *(for repairs)* warsztat (m) *varshtat (for parking)* garaż (m) *garash (for petrol)* stacja benzynowa (f) *statsia benzinova*

garden ogród (m) *ogroot*

gardener ogrodnik (m) *ogrodneek*

garlic czosnek (m) *chosnek*

gas gaz (m) *gas*

» gas bottle/cylinder pojemnik na gaz (m) *poyemneek na gas*

gate *(airport)* brama (f) *brama* wejście do samolotu (n) *veyshche do samolotoo*

gay *(homosexual)* gej, homoseksualista (m) *gay, homoseksoo-aleesta*

gel *(hair)* żel (m) *zhel*

general generał *generaw*

» in general ogólnie *ogoolnie*

generous hojny/a/e *hoyni/a/e*

gentle łagodny/a/e *wagodni/a/e*

gentleman/men pan/panowie *pan/ panovie (gents)* męski *menskee*

genuine autentyczny/a/e *aootentichni/ a/e*

geography geografia (f) *geografia*

German *(people)* Niemiec, Niemka (m/f) *niemiets, niemka*

Germany Niemcy *niemtsi*

to get dostać, otrzymać *dostach, otshimach*

» to get off *(bus)* wysiadać *vishadach*

» to get on *(bus)* wsiadać *fshadach*

» to get through *(phone)* połączyć się *powonchich she*

gift prezent, upominek (m) *prezent, oopomeenek*

gin dżin (m) *djin*

girl, girlfriend dziewczyna (f) *djefchina*

to give dać *dach*

to give back oddać *oddach*

glass *(material)* szkło (n) *shkwo*

glasses okulary (pl) *okoolari*

global warming globalne ocieplenie (n) *globalne ocheplenie*

gloves rękawiczki (f) *renkaveechkee*

glue klej (m) *kley*

to go *(on foot/by transport)* iść/jechać *eesh, yehach*

» to go away odejść/odjechać *odeyshch, odyehach*

» to go down zejść/zjechać *zeyshch, zyehach*

» to go in wejść/wjechać *veyshch, viehach*

» to go out wyjść/wyjechać *viyshch, viyehach*

» to go round *(visit)* odwiedzić *odviedjeech*

» let's go! chodźmy! *hodjmi*

goal cel (m) *tsel (football)* gol (m) *gol*

goat koza (f) *koza*

God Bóg (m) *book*

goggles gogle (pl) *gogle*

gold złoto (n) *zwoto*

golf golf (m) *golf*

golf clubs kije golfowe (m/pl) *keeye golfove*

golf course pole golfowe (n) *pole golfove*

good dobry/a/e *dobri/a/e*

» **good morning** dzień dobry (m) *djen dobri*

» **good evening** dobry wieczór *dobri viechoor*

» **good night** dobranoc *dobranots*

» **goodbye** do widzenia *do veedzenia* (informal) cześć *cheshch*

Good Friday Wielki Piątek (m) *vielkee piontek*

goods towar (m) *tovar*

government rząd (m) *zhont*

grammar gramatyka (f) *gramatika*

gramme gram (m) *gram*

grandchildren wnuki (pl) *vnookee*

granddaughter wnuczka (f) *vnoochka*

grandfather dziadek (m) *djadek*

grandmother babcia (f) *bapcha*

grandparents dziadkowie *djatkovie*

grandson wnuk (m) *vnook*

grandstand trybuna (f) *triboona*

grass trawa (f) *trava*

grateful wdzięczny/a/e *vdjenchni/a/e*

greasy tłusty/a/e *twoosti/a/e*

great! świetnie! *shfietnie*

green zielony/a/e *zheloni/a/e*

greengrocer's sklep warzywny (m) *sklep vazhivni*

to greet witać *veetach*

grey szary/a/e *shari/a/e*

grilled z rusztu *z rooshtoo*

grocer's sklep spożywczy (m) *sklep spozhifchi*

ground ziemia (f) *zhemia*

ground floor parter (m) *parter*

groundsheet podkład pod namiot (m) *potkwat pod namiot*

group grupa (f) *groopa*

guarantee gwarancja (f) *gvarantsia*

guest gość (m) *goshch*

guest house pensjonat (m) *pensionat*

guide przewodnik (m) *pshevodneek*

guidebook przewodnik (m) *pshevodneek*

guided tour zwiedzanie z przewodnikiem (n) *zviedzanie s pshevodneekiem*

guilty winny/a/e *veenni/a/e*

guitar gitara (f) *geetara*

gun pistolet (m) *peestolet*

guy rope naciąg namiotu (m) *nachonk namiotoo*

gymnastics gimnastyka (f) *geemnastika*

## H

habit zwyczaj (m) *zvichay*

hail grad (m) *grat*

hair włosy (m/pl) *vwosi*

hairbrush szczotka do włosów (f) *shchotka do vwosoof*

haircut obcięcie włosów (n) *opchenche vwosoof*

hairdresser fryzjer, fryzjerka (m/f) *frizier, frizyerka*

hairdryer suszarka do włosów (f) *soosharka do vwosoof*

hairgrip spinka do włosów (f) *speenka do vwosoof*

hair mousse pianka do włosów (f) *pianka do vwosoof*

hairspray lakier do włosów (m) *lakier do vwosoof*

half pół (n), połowa (f) *poow, powova*

» **half board** z częściowym wyżywieniem *s chenshchovim vizhivieniem*

» **half price** za pół ceny *za poow tseni*

» **half an hour** pół godziny *poow godjeeni*

» **half past** (w)pół do *fpoow do*

hall (in house) korytarz (m) *koritash*

ham szynka (f) *shinka*

» **boiled ham** szynka gotowana *shinka gotovana*

» **cured ham** szynka peklowana *shinka peklovana*

hamburger hamburger (m) *hamboorger*

hammer młotek (m) *mwotek*

hand ręka (f) *renka*
hand cream krem do rąk (m) *krem do ronk*
hand luggage bagaż podręczny (m) *bagash podrenchni*
hand made ręcznie robiony/a/e *renchnie robioni/a/e*
handbag torebka (f) *torepka*
handicapped niepełnosprawny/a/e *niepewnospravni/a/e* inwalida (m) *eenvaleeda*
handkerchief chusteczka (f) *hoostechka*
handle uchwyt (m) *oohfit*
to hang up *(telephone)* odłożyć *odwozhich*
hangover kac (m) *kats*
to happen zdarzyć się *zdazhich she*
happy zadowolony/a/e, szczęśliwy/a/e *zadovoloni/a/e, shchenshleevi/a/e*
harbour port (m) *port*
hard twardy/a/e *tfardi/a/e (difficult)* trudny/a/e *troodni/a/e*
hard drive twardy dysk (m) *tfardi disk*
hard shoulder pobocze (n) *poboche*
hardware shop sklep z artykułami żelaznymi (m) *sklep z artikoowamee zhelaznimee*
to hate nienawidzić *nienaveedjech*
to have mieć *miech*
hay siano (n) *shano*
hayfever katar sienny (m) *katar shenni*
he on *on*
head głowa (f) *gwova (boss)* szef (m) *shef*
headache ból głowy (m) *bool gwovi*
headphones słuchawki (f/pl) *swoohafkee*
to heal goić się *goeech she*
health zdrowie(n) *zdrovie*
health foods zdrowa żywność (f) *zdrova zhivnoshch*
healthy zdrowy/a/e *zdrovi/a/e*
to hear słyszeć *swishech*
hearing słuch (m) *swooh*
hearing aid aparat słuchowy (m) *aparat swoohovi*
heart serce (n) *sertse*

heart attack atak serca (m) *atak sertsa*
heat upał (m) *oopaw*
heater grzejnik (m) *gzheyneek*
heating ogrzewanie (n) *ogzhevanie*
heaven niebo (n) *niebo*
heavy ciężki/a/e *chenshkee/a/e*
hedge żywopłot (m) *zhivopwot*
heel pięta (f) *pienta (shoe)* podeszwa (f) *podeshfa*
height wysokość (f) *visokoshch*
helicopter helikopter (m) *heleekopter*
hell piekło (n) *piekwo*
hello *(inf.)* cześć *cheshch*
helmet *(motorbike)* kask (m) *kask*
help pomoc (f) *pomots*
help! pomocy! *pomotsi*
to help pomóc *pomoots*
her, hers *(possessive pronoun)* jej *yey*
herb zioło (n) *zhowo*
herbal tea herbata ziołowa (f) *herbata zhowova*
here tutaj, tu *tootay, too*
hiccups: to have hiccups mieć czkawkę *miech chkafke*
high wysoki/a/e *visokee/a/e*
high chair wysokie krzesełko (n) *visokie kshesewko*
to hijack porwać *porvach*
hill wzgórze (n) *vzgoozhe*
him jemu, jego, go *yemoo yego, go*
to hire wynająć *vinayonch*
his *(possessive pronoun)* jego *yego*
history historia (f) *heestoria*
to hit uderzyć *oodezhich*
to hitchhike jechać autostopem *yehach aootostopem*
HIV HIV (m) *heef*
» HIV positive zarażony/a/e wirusem HIV *zarazhoni/a/e veeroosem heef*
hobby hobby (n) *hobi*
to hold trzymać *tshimach*
hole dziura (f) *djoora*
holiday wakacje (pl) *vakatsie*, urlop (m) *oorlop*

>> **on holiday** na wakacjach, na urlopie *na vakatsiah, na oorlopie*

**holy** święty/a/e *shfienti/a/e*

**home** dom (m) *dom*

>> **at home** w domu *v domoo*

>> **to go home** iść/jechać do domu *eeshch/yehach do domoo*

**homeopathic** homeopatyczny/a/e *homeopatichni/a/e*

**to be homesick** tęsknić za domem *tenskneech za domem*

**homosexual** homoseksualny/a/e *homoseksoo-alni/a/e*

**honest** uczciwy/a/e *oochcheevi/a/e*

**honeymoon** podróż poślubna (f) *podroosh poshloobna*

**to hope** mieć nadzieję *miech nadjeye*

>> **I hope so** mam nadzieję *mam nadjeye*

>> **I hope not** mam nadzieję że nie *mam nadjeye zhe nie*

**horrible** okropny/a/e *okropni/a/e*

**horse** koń (m) *kon*

**hose** wąż (m) *vonsh*

**hospital** szpital (m) *shpeetal*

**host** gospodarz/gospodyni (m/f) *gospodash/gospodinee*

**hot** gorący/a/e *gorontsi/a/e (spicy)* pikantny/a/e *peekantni/a/e*

**hotel** hotel (m) *hotel*

**hour** godzina (f) *godjeena*

**house** dom (m) *dom*

**housewife** gospodyni domowa (f) *gospodinee domova*

**housework** prace domowe (f/pl) *pratse domove*

**hovercraft** poduszkowiec (m) *podooshkoviets*

**how** jak *yak*

>> **how far?** jak daleko ? *yak daleko*

>> **how long?** jak długo? *yak dwoogo*

>> **how many/how much?** ile? *eele*

**human** ludzki/a/e *lootskee/a/e*

**human being** człowiek (m) *chwoviek*

**hungry** głodny/a/e *gwodni/a/e*

>> **to be hungry** być głodnym *bich gwodnim*

**to hunt** polować *polovach*

**hunting** polowanie (n) *polovanie*

**hurry** pośpiech (m) *poshpieh*

**to be in a hurry** spieszyć się *spieshich she*

**to hurt** boleć *bolech*

>> **it hurts** boli *bolee*

**husband** mąż (m) *monsh*

**hut** chata (f) *hata*

**hydrofoil** wodolot (m) *vodolot*

# I

**I** ja *ya*

**ice** lód (m) *loot*

**ice rink** lodowisko (n) *lodoveesko*

**icy** *(road)* oblodzony/a/e *oblodzoni/a/e*

**idea** pomysł, myśl (f) *po misw, mishl*

**if** jeżeli *yezhelee*

**ill** chory/a/e *hori/a/e*

**illness** choroba (f) *horoba*

**to imagine** wyobrażać sobie *vi-obrazhach sobie*

**imagination** wyobraźnia (f) *vi-obrazhnia*

**immediately** natychmiast *natihmiast*

**immersion heater** grzejnik nurkowy (m) *gzheynek noorkovi*

**impatient** niecierpliwy/a/e *niecherpleevi/a/e*

**important** ważny/a/e *vazhni/a/e*

**impossible** niemożliwy/a/e *niemozhleevi/a/e*

**impressive** imponujący/a/e *eemponooyontsi/a/e*

**in** w *v*

**included** wliczony/a/e *vleechoni/a/e*

**independent** niezależny/a/e *niezalezhni/a/e*

**indigestion** niestrawność (f) *niestrawnoshch*

**indoors** wewnątrz *vevnontsh*

**industry** przemysł (m) *pshemisw*

infected zakażony/a/e *zakazhoni/a/e*
infection infekcja (f), zakażenie (n) *eenfektsia, zakazhenie*
infectious zakaźny/a/e *zakazhni/a/e*
inflamed w stanie zapalnym *f stanie zapalnim*
inflammation zapalenie (n) *zapalenie*
influenza grypa (f) *gripa*
informal nieformalny/a/e *nieformalni/a/e*
information informacja (f) *eenformatsia*
information desk/office punkt informacyjny (m) *poonkt eenformatsiyni*
injection zastrzyk (m) *zastshik*
to injure zranić *zraneech*
injured zraniony/a/e *zranioni/a/e*
injury rana (f) *rana*
innocent niewinny/a/e *nieveenni/a/e*
insect owad (m) *ovat*
insect bite ukąszenie owada (n) *ookonshenie ovada*
insect repellent środek odstraszający owady (m) *shrodek otstrashayontsi ovadi*
inside wewnątrz *vevnontsh*
to insist nalegać *nalegach*
inspector inspektor (m) *eenspektor*
instant coffee kawa rozpuszczalna (f) *kava rospooshchalna*
instead of zamiast *zamiast*
instructor instruktor (m) *eenstrooktor*
insulin insulina (f) *eensooleena*
insult obraza (f), zniewaga ( f) *obraza, znievaga*
insurance ubezpieczenie (n) *oobespiechenie*
» insurance policy polisa ubezpieczeniowa (f) *poleesa oobespiecheniova*
to insure ubezpieczyć *oobespiechich*
insured ubezpieczony/a/e *oobespiechoni/a/e*
intelligent inteligentny/a/e *eenteleegentni/a/e*

interest *(money)* procent (m) *protsent*
interested zainteresowany/a/e *za-eenteresovani/a/e*
interesting interesujący/a/e, ciekawy/a/e *eenteresooyontsi/a/e, chekavi/a/e*
international międzynarodowy/a/e *miendzinarodovi/a/e*
Internet Internet (m) *eenternet*
Internet café kawiarenka internetowa (f) *kaviarenka eenternetova*
Internet connection połączenie internetowe (n) *powonchenie eenternetove*
to interpret *(translate)* tłumaczyć ustnie *twoomachich oostnie*
interpreter tłumacz ustny/tłumaczka ustna (m/f) *twoomach oostni/ twoomachka oostna*
interval *(theatre etc.)* przerwa (f) *psherva*
interview *(job)* rozmowa kwalifikacyjna (f), wywiad (m) *(radio, etc.)* rozmova kfaleefeekatsiyna, viviat
into do *do*
to introduce przedstawić *pshetstaveech*
invitation zaproszenie (n) *zaproshenie*
to invite zaprosić *zaprosheech*
Ireland Irlandia *eerlandia*
Irish Irlandczyk/Irlandka (m/f) *eerlantchik/eerlantka*
iron *(for clothes)* żelazko (n) *zhelasko*
to iron prasować *prasovach*
is *(see also to be)* jest *yest*
» is there? czy jest? *chi yest*
Islam islam (m) *eeslam*
Islamic islamski/a/e *eeslamskee/a/e*
island wyspa (f) *vispa*
it to *to*
itch swędzenie (n) *sfendzenie*

## J

jacket żakiet (m) *zhakiet*
jam dżem (m) *djem*
jar słoik (m) *swo-eek*

**jaw** szczęka (f) *shchenka*
**jazz** jazz (m) *djez*
**jeans** dżinsy (m/pl) *djeensi*
**jellyfish** meduza (f) *medooza*
**Jesus Christ** Jezus Chrystus *yezoos hristoos*
**jeweller's** jubiler (m) *yoobeeler*
**Jewish** żydowski/a/e *zhidofskee/a/e*
**job** praca (f) *pratsa*
**to jog** biegać *biegach*
**jogging** jogging (m) *djogeeng*
**joke** dowcip, żart (m) *dofcheep, zhart*
**journalist** dziennikarz/dziennikarka (m/f) *djenneekash, djenneekarka*
**journey** podróż (f) *podroosh*
**juice** sok (m) *sok*
**to jump** skoczyć *skochich*
**jumper** sweter (m) *sfeter*
**junction** *(road)* skrzyżowanie (n) *skshizhovanie*
**just** *(only)* tylko *tilko*

## K

**to keep** zachować *zahovach (to put by)* odłożyć *odwozhich*
**kettle** czajnik (m) *chayneek*
**key** klucz (m) *klooch*
**kidney** nerka (f) *nerka*
**to kill** zabić *zabeech*
**kilo(gram)** kilo(gram) (m) *keelo(gram)*
**kilometre** kilometr (m) *keelometr*
**king** król (m) *krool*
**kiss** pocałunek (m) *potsawoonek*
**to kiss** całować *tsawovach*
**kitchen** kuchnia (f) *koohnia*
**knickers** figi, majtki (pl) *feegee, maytkee*
**knife** nóż (m) *noosh*
**to knock** pukać *pookach*
**knot** węzeł (m) *venzew*
**to know** *(someone)* znać *znach (something)* wiedzieć *viedjech*
» **I don't know** nie wiem *nie viem*

## L

**label** etykieta (f) *etikieta*
**lace** koronka (f) *koronka (shoe)* sznurowadło (n) *shnoorovadwo*
**ladder** drabina (f) *drabeena*
**lady** pani (f) *pani*
» **Ladies** panie (f/pl) *panie*
**lager** piwo (n) *peevo*
**lake** jezioro (n) *yezhoro*
**lamb** jagnięcina (f) *yagniencheena*
**lamp** lampa (f) *lampa*
**lamp post** latarnia (f) *latarnia*
**land** ziemia (f) *zhemia*
**to land** lądować *londovach*
**landlady** właścicielka (f) *vwashcheechelka*
**landlord** właściciel (m) *vwashcheechel*
**language** język (m) *yenzik*
**large** duży/a/e *doozhi/a/e*
**last** ostatni/a/e *ostatnee/a/e*
**to last** trwać *trfach*
**late** późno *poozhno*
**later** później *poozhniey*
**laugh** śmiech (m) *shmieh*
**to laugh** śmiać się *shmiach she*
**launderette** pralnia samoobsługowa (f) *pralnia samo-obswoogova*
**laundry** pranie (n) *pranie*
**lawyer** adwokat (m) *advokat*
**laxative** środek przeczyszczający (m) *shrodek pshechishchayontsi*
**lazy** leniwy/a/e *leneevi/a/e*
**lead** ołów (m) *owoof*
» **lead-free** *(petrol)* bezołowiowa *bezowoviova*
**leaf** liść (m) *leeshch*
**leaflet** ulotka (f) *oolotka*
**to lean** opierać się *opierach she*
**to learn** uczyć się *oochich she*
**learner** student, studentka (m/f) *stoodent, stoodentka*
**least: at least** przynajmniej *pshinaymniey*
**leather** skóra (f) *skoora*

**to leave** zostawić *zostaveech (to go away: foot/transport)* odejść, odjechać *odeyshch/od-yehach*

**lecturer** wykładowca (m) *vikwadoftsa*

**left** lewy/a/e *levi/a/e*

**left luggage** *(office)* przechowalnia bagażu (f) *pshehovalnia bagazhoo*

**leg** noga (f) *noga*

**legal** legalny/a/e *legalni/a/e*

**lemon** cytryna (f) *tsitrina*

**lemonade** lemoniada (f) *lemoniada*

**to lend** pożyczyć *pozhichich*

**length** długość (f) *dwoogoshch*

**lens** *(camera)* obiektyw (m) *obiektif*

**lesbian** lesbijka (f) *lesbeeyka*

**less** mniej *mniey*

**lesson** lekcja (f) *lektsia*

**to let** *(allow)* pozwolić *pozvoleech (rent)* wynajmować *vinaymovach*

**letter** list (m) *list (of alphabet)* litera (f) *leetera*

**letterbox** skrzynka na listy (f) *skshinka na leesti*

**lettuce** sałata (f) *sawata*

**level** *(height, standard)* poziom (m) *pozhom (flat)* piętro *pientro*

**level crossing** przejazd kolejowy (m) *psheyast koleyovi*

**library** biblioteka (f) *beeblioteka*

**licence** *(driving)* prawo jazdy (n) *pravo yazdi (fishing etc)* zezwolenie (n) *zezvolenie*

**lid** pokrywka (f) *pokrifka*

**to lie down** leżeć *lezhech*

**life** życie (n) *zhiche*

**lifebelt** koło ratunkowe (n) *kowo ratoonkove*

**lifeboat** łódź ratunkowa (f) *wooch ratoonkova*

**lifeguard** ratownik (m) *ratovneek*

**lifejacket** kamizelka ratunkowa (f) *kameezelka ratoonkova*

**lift** winda (f) *veenda*

**light** światło (n) *shfiatwo*

**light bulb** żarówka (f) *zharoofka*

**light** *(coloured)* jasny/a/e *yasni/a/e (weight)* lekki/a/e *lekkee/a/e*

**to light** *(fire)* rozpalić *rospaleech (ogien)*

**lighter** *(cigarette)* zapalniczka (f) *zapalneechka*

**lighter fuel** gaz (m) *gas*

**lightning** błyskawica (f) *bwiskaveetsa*

**like** *(similar to)* podobny/a/e *podobni/a/e*

» **like this/that** jak to/tamto *yak to/tamto*

**to like** *(food, people)* lubić *loobeech*

» **I like** lubię, podoba mi się *loobie, podoba mee she*

**likely** prawdopodobnie *pravdopodobnie*

**limited** ograniczony/a/e *ograneechoni/a/e*

**line** linia (f) *leenia*

**lip** warga (f) *varga*

**lipstick** szminka do ust (f) *shmeenka do oost*

**liqueur** likier (m) *leekier*

**liquid** płyn (m) *pwin*

**list** lista (f) *leesta*

**to listen** słuchać *swoohach*

**litre** litr (m) *leetr*

**litter** śmieci (pl) *shmiechee*

**little** mały/a/e *mawi/a/e*

» **a little** trochę *trohe*

**to live** żyć *zhich*

**liver** wątroba (f) *vontroba*

**living-room** salon (m) *salon*

**loan** pożyczka (f) *pozhichka*

**local** lokalny/a/e, miejscowy/a/e *lokalni/a/e, mieystsovi/a/e*

**lock** zamek (m) *zamek*

**to lock** zamknąć *zamknonch*

**locker** schowek na bagaż (m) *shovek na bagash*

**London** Londyn *londin*

**lonely** samotny/a/e *samotni/a/e*

**long** długi/a/e *dwoogee/a/e*

**long distance** duża odległość *doozha odlegwoshch*

**long-distance call** *(city/international)* rozmowa międzymiastowa/ międzynarodowa (f) *rozmova miendzimiastova/miendzinarodova*

**to look** *(at)* patrzeć się *patshech she*

**to look for** szukać *shookach*

**loose** luźny/a/e *loozhni/a/e*

**lorry** ciężarówka (f) *chenzharoofka*

**lorry-driver** kierowca ciężarówek (m) *kieroftsa chenzharoovek*

**to lose** zgubić *zgoobeech*

**lost property office** biuro rzeczy znalezionych (n) *biooro zhechi znalezhonih*

**a lot** *(of)* dużo *doozho*

**lotion** płyn (m) *pwin*

**lottery** loteria (f) *loteria*

**loud** głośny/a/e *gwoshni/a/e*

**lounge** *(departure)* hala odlotów (f) *hala odlotoof*

**love** miłość (f) *meewoshch*

**to love** kochać *kohach*

**low** niski/a/e *neeskee/a/e*

**low-fat** niskotłuszczowy/a/e *neesko-twooshchovi/a/e*

**lucky: to be lucky** mieć szczęście *miech shchenshche*

**luggage** bagaż (m) *bagash*

**lump** guz (m) *goos*

**lunch** obiad (m) *obiat*

## M

**madam** pani (f) *panee*

**magazine** czasopismo (n) *czasopeesmo*

**mail** poczta (f) *pochta*

**main** główny/a/e *gwoovni/a/e*

**to make** robić *robeech*

**make-up** makijaż (m) *makee-yash*

**male** *(animal/man)* samiec/mężczyzna (m) *samiets/menshchizna*

**man** mężczyzna (m) *menshchizna*

**to manage** *(cope)* dać sobie radę *dach sobie rade*

**manager** kierownik (m) *kierovneek*

**managing director** dyrektor naczelny (m) *direktor nachelni*

**many** dużo *doozho*

» **not many** niedużo, mało *niedoozho, mawo*

**map** mapa (f) *mapa*

**marble** marmur (m) *marmoor*

**margarine** margaryna (f) *margarina*

**market** targ, rynek (m) *tark, rinek*

**married** *(man)* żonaty (m) *zhonati* *(woman)* mężatka (f) *menzhatka*

» **to get married** *(man)* ożenić się *ozheneech she (woman)* wyjść za mąż *viyshch za monsh*

**mascara** tusz do rzęs (m) *toosh do zhens*

**masculine** męski *menskee*

**mask** maska (f) *maska*

**mass** *(church)* msza (f) *msha*

**match** zapałka (f) *zapawka (game)* mecz (m) *mech*

**material** materiał (m) *materiaw*

**maths** matematyka (f) *matematika*

**matter: it doesn't matter** to nie szkodzi *to nie shkodjee*

» **what's the matter?** o co chodzi? *o tso hodjee*

**mattress** materac (m) *materats*

» **air mattress** materac dmuchany (m) *materats dmoohani*

**mature** *(cheese)* dojrzały/a/e *doyzhawi/a/e*

**me** mi, mnie *mee, mnie*

**meal** posiłek (m) *posheewek*

**mean: what does this mean?** co to znaczy? *tso to znachi*

**measles** odra (f) *odra*

**to measure** mierzyć *miezhich*

**measurement** miara (f) *miara*

**meat** mięso (n) *mienso*

» **cold meats** wędliny (f/pl) *vendleeni*

**mechanic** mechanik (m) *mehaneek*

**medical** medyczny/a/e *medichni/a/e*

medicine *(subject)* medycyna (f)
  *meditsina (drug)* lekarstwo (n)
  *lekarstfo*
medieval średniowieczny/a/e
  *shrednioviechni/a/e*
Mediterranean śródziemnomorski/a/e
  *shroodzhemnomorskee/a/e*
medium *(size)* średni/a/e *shrednee/a/e*
  *(steak)* średnio wysmażony *shrednio*
  *vismazhoni (wine)* półwytrawne *poow*
  *vitravne*
meeting spotkanie (n) *spotkanie*
member członek (m) *chwonek*
memory pamięć (f) *pamiench*
memory card *(for camera)* karta pamięci
  (f) *karta pamienchee*
men ludzie (pl) *loodje*
to mend naprawić, zreperować *napraveech,*
  *zreperovach*
menu *(à la carte)* menu, karta (f) *menee,*
  *karta (set)* zestaw (m) *zestaf*
message wiadomość (f) *viadomoshch*
metal metal (m) *metal*
metre metr (m) *metr*
microwave oven kuchenka mikrofalowa
  (f) *koohenka meekrofalova*
midday południe (n) *powoodnie*
middle środek (m), centrum (n) *shrodek,*
  *tsentroom*
middle-aged w średnim wieku *f*
  *shredneem viekoo*
midnight północ (f) *poownots*
migraine migrena (f) *meegrena*
mild łagodny/a/e *wagodni/a/e*
mile mila (f) *meela*
milk mleko (n) *mleko*
mill młyn (m) *mwin*
mind: do you mind if...? czy nie będzie
  przeszkadzać, jeżeli...? *chi nie bendje*
  *psheshkadzach yezhelee*
 » I don't mind może być *mozhe bich*
  *(when offered a drink)* chętnie *hentnie*
mine *(of me)* mój/a/e *mooy/moya/moye*
minibus mikrobus (m) *meekroboos*

minister minister (m) *meeneester*
minute minuta (f) *meenoota*
mirror lustro (n) *loostro*
miscarriage poronienie (n) *poronienie*
Miss panna (f) *panna*
to miss *(bus etc.)* nie zdążyć na *nie*
  *zdonzhich na (nostalgia)* tęsknić
  *tenskneech*
mist mgiełka (f) *mgiewka*
mistake błąd (m) *bwont*
 » to make a mistake zrobić błąd
  *zrobeech bwont*
mixed mieszany/a/e *mieshani/a/e*
mixture mieszanka (f) *mieshanka*
mobile *(phone)* komórka (f) *komoorka*
model model (m) *model*
modem modem (m) *modem*
modern współczesny/a/e *fspoowchesni/*
  *a/e*
moisturiser krem nawilżający (m) *krem*
  *naveelzhayontsi*
monastery klasztor (m) *klashtor*
money pieniądze (pl) *pienipndze*
month miesiąc (m) *mieshonts*
monthly miesięczny/a/e *mieshenchni/*
  *a/e*
monument pomnik (m) *pomneek*
moon księżyc (m) *kshenzhits*
moped motorower (m) *motorover*
more więcej *vientsey*
morning ranek (m) *ranek*
 » in the morning rano *rano*
mortgage hipoteka (f) *heepoteka*
mosque meczet (m) *mechet*
mosquito komar (m) *komar*
mosquito net moskitiera (f) *moskeetiera*
most *(of)* większość *vienkshoshch*
mother matka (f) *matka*
mother-in-law teściowa (f) *teshchova*
motorbike motocykl (m) *mototsikl*
motorboat łódź motorowa (f) *wooch*
  *motorova*
motor racing wyścigi samochodowe
  (m/pl) *vishcheegee samohodove*

**motorway** autostrada (f) *awtostrada*
**mountain** góra (f) *goora*
**mountaineering** wspinaczka górska (f) *fspeenachka goorska*
**mouse** *(computer and animal)* mysz (f) *mish*
**moustache** wąs (m) *vons*
**mouth** usta (pl) *oosta*
to **move** ruszać się *rooshach she*
to **move house** przeprowadzić się *psheprovadjeech she*
**Mr** pan (m) *pan*
**Mrs** pani (f) *panee*
**much** dużo *doozho*
**mug** *(cup)* kubek (m) *koobek*
to **mug** *(someone)* napaść *napashch*
to **murder** zamordować *zamordovach*
**museum** muzeum (n) *mooze-oom*
**music** muzyka (f) *moozika*
**musical** muzykalny/a/e *moozikalni/a/e*
**musician** muzyk (m) *moozik*
**Muslim** muzułmanin/muzułmanka (m/f) *moozoowmaneen/moozoowmanka*
**must: you must** musisz (informal) pan/pani musi (formal) *moosheesh, pan/panee mooshee*
**my** mój/a/e *mooy/moya/moye*
**mystery** tajemnica (f) *tayemneetsa*

# N

**nail** gwóźdź (m) *gvooshch* (finger/toe) paznokieć (m) *paznokiech*
**nail clippers/scissors** obcinacz do paznokci (m) *opcheenach do paznokchee*
**nail file** pilnik do paznokci (m) *peelneek do paznokchee*
**nail polish** lakier do paznokci (m) *lakier do paznokchee*
**nail polish remover** zmywacz do paznokci (m) *zmivach do paznokchee*
**naked** nagi/a/e *nagee/a/e*
**name** nazwisko (n) *nazveesko*

**napkin** serwetka (f) *servetka*
**nappy** pieluszka (f) *pielooshka*
» **pampers** pampersy (m/pl) *pampersi*
**nappy liner** wkładka do pieluszki (f) *fkwatka do pielooshkee*
**national** narodowy/a/e *narodovi/a/e*
**nationality** narodowość (f) *narodovoshch*
**natural(ly)** naturalny/a/e, naturalnie *natooralni/a/e, natooralnie*
**naughty** niegrzeczny/a/e *niegzhechni/a/e*
**navy** marynarka wojenna (f) *marinarka voyenna*
**navy blue** granat (m) *granat*
**near** bliski/a/e *bleeskee/a/e*
**necessary** konieczny/a/e *koniechni/a/e*
**necklace** naszyjnik (m) *nashiyneek*
to **need** potrzebować *potshebovach*
**needle** igła (f) *eegwa*
**negative** *(photo)* negatyw (m) *negativ*
**neighbour** sąsiad/sąsiadka (m/f) *somshat, somshatka*
**neither … nor** ani … ani *anee … anee*
**nephew** *(sister's son)* siostrzeniec *shostsheniets* (brother's son) bratanek *bratanek*
**nervous** zdenerwowany/a/e *zdenervovani/a/e*
**net** siatka *shatka*
**never** nigdy *neegdi*
**new** nowy/a/e *novi/a/e*
**New Year's Day** Nowy Rok (m) *novi rok*
**news** wiadomości (f/pl) *viadomoshchee*
**newspaper** gazeta (f) *gazeta*
**newspaper kiosk** kiosk (m) *kiosk*
**next** następny/a/e *nastempni/a/e*
**next to** obok *obok*
**nice** *(person)* miły/a/e *meewi/a/e* (place) przyjemny/a/e *pshiyemni/a/e*
**night** noc (f) *nots*
**nightclub** klub nocny (m) *kloop notsni*
**nightdress** koszula nocna (f) *koshoola notsna*
**no** nie *nie*
**nobody** nikt *neekt*

noise hałas (m) *hawas*

noisy hałaśliwy/a/e *hawashleevi/a/e*

non-alcoholic bezalkoholowy/a/e *bezalkoholovi/a/e*

none żaden/ nikt *zhaden, neekt*

non-smoking niepalący/a/e *niepalontsi/a/e*

normal normalny/a/e *normalni/a/e*

north północ (f) *poownots*

nose nos (m) *nos*

nosebleed krwawienie z nosa (n) *krfavienie z nosa*

not nie *nie*

note (bank) banknot (m) *banknot*

notepad blok do pisania (m) *blok do peesania*

nothing nic *neets*

» nothing else nic innego *neets eennego*

now teraz *teras*

nowhere nigdzie *neegdje*

nuclear power energia jądrowa (f) *energia yondrova*

number numer (m) *noomer*

nurse pielęgniarz/pielęgniarka (m/f) *pielengniash/pielengniarka*

nursery slope ośla łączka (f) *oshla wonchka*

nut orzech (m) *ozheh (DIY)* nakrętka (f) *nakretka*

nylon nylon (m) *nilon*

## O

oar wiosło (n) *vioswo*

object (thing) rzecz (f) *zhech*

obvious oczywisty/a/e *ochivisti/a/e*

occasionally od czasu do czasu *ot chasoo do chasoo*

occupied zajęty/a/e *zayenti/a/e*

odd dziwny/a/e *djeevni/a/e (not even)* nieparzysty/a/e *niepazhisti/a/e*

of: of course oczywiście *ochivishche*

off (TV, light) wyłączony/a/e *viwonchoni/a/e (milk)* zepsuty/a/e *zepsooty/a/e*

offended obrażony/a/e *obrazhoni/a/e*

offer oferta (f) *oferta*

» special offer oferta specjalna (f) *oferta spetsialna*

office biuro (n) *biooro*

officer (police) policjant, policjantka (m/f) *poleetsiant, poleetsiantka*

official oficjalny/a/e *ofeetsialni/a/e*

often często *chensto*

» how often? jak często? *yak chensto*

oil olej (m) *oley*

OK dobrze *dobzhe*

old stary/a/e *stari/a/e*

old-fashioned staromodny/a/e *staromodni/a/e*

olive oliwka (f) *oleevka*

olive oil oliwa z oliwek (f) *oleeva z oleevek*

on na *na (switched on)* włączony/a/e *vwonchoni/a/e*

once raz *ras*

only tylko *tilko*

open otwarty/a/e *otfarti/a/e*

to open otworzyć *otfozhich*

opera opera (f) *opera*

operation operacja (f) *operatsia*

opinion opinia (f) *opeenia*

» in my opinion moim zdaniem *moeem zdaniem*

opposite (contrary) w przeciwieństwie *f pshecheevienstfie (facing)* naprzeciwko *napshecheefko*

optician optyk (m) *optik*

or albo *albo*

orange (fruit) pomarańcza (f) *pomarancha (colour)* pomarańczowy/a/e *pomaranchovi/a/e*

order (tidiness) porządek (m) *pozhondek*

to order zamówić *zamooveech*

ordinary zwyczajny/a/e *zvichayni/a/e*

to organise organizować *organeezovach*

other inny/a/e *eenni/a/e*

others inni/e (m/f) *eenni/a/e*

our, ours nasz/a/e *nash/a/e*

out *(of)* skończyło się *skonchiwo she*
outside na zewnątrz *na zevnonch*
over *(above)* nad *nat*
overcast pochmurny/a/e *pohmoorni/a/e*
to overtake wyprzedzać *vipshedzach*
to owe być winnym *bich veennim*
ozone-friendly nieniszczący/a/e ozonu
*nie neeshchontsi/a/e ozonoo*
ozone layer warstwa ozonu (f) *varstfa
ozonoo*

# P

package tour zorganizowana wycieczka
(f) *zorganeezovana vichechka*
packet paczka (f) *pachka*
paddle *(canoeing)* wiosło (n) *vioswo*
padlock kłódka (f) *kwootka*
page strona (f) *strona*
pain ból (m) *bool*
painful bolesny/a/e *bolesni/a/e*
painkiller środek przeciwbólowy (m)
*shrodek pshecheefboolovi*
paint farba (f) *farba*
to paint malować *malovach*
painter *(man/woman)* malarz/malarka
*malash/malarka*
painting obraz (m) *obras*
pair para (f) *para*
palace pałac (m) *pawats*
pale blady/a/e *bladi/a/e*
paper papier (m) *papier*
paraffin parafina (f) *parafeena*
paralysed sparaliżowany/a/e
*sparaleezhovani/a/e*
parcel paczka (f) *pachka*
pardon? słucham? *swooham*
parents rodzice (pl) *rodjeetse*
park park (m) *park*
to park parkować *parkovach*
parking parkowanie (n) *parkovanie*
parking meter parkometr (m) *parkometr*
parliament parlament (m) *parlament*
part część (f) *chenshch*

particular: in particular szczególnie
*shchegoolnie*
partly częściowo *chenshchovo*
partner *(business)* partner/partnerka
(m/f) *partner/partnerka*
party impreza (f) *eempreza* *(political)*
partia (f) *partia*
to pass *(on road)* wymijać *vimeeyach* *(salt
etc.)* podać *podach* *(test, exam)* zdać
*zdach*
passenger (m/f) pasażer/pasażerka,
*pasazher/pasazherka*
passport paszport (m) *pashport*
passport control kontrola paszportowa
(f) *kontrola pashportova*
password hasło (n) *haswo*
past przeszłość (f) *psheshwoshch*
›› in the past w przeszłości *f
psheshwoshchee*
pasta makaron (m) *makaron*
pastry ciasto (n) *chasto*
path ścieżka (f) *shcheshka*
patient *(hospital)* pacjent/pacjentka
(m/f) *patsient/patsientka*
pattern wzór (m) *vzoor*
pavement chodnik (m) *hodneek*
to pay zapłacić *zapwacheech*
›› to pay cash zapłacić gotówką
*zapwacheech gotoofkow*
pay-as-you-go *(phone)* (telefon) na kartę
*telefon na karte*
peace pokój (m) *pokooy*
peanut orzeszek ziemny (m) *ozheshek
zhemni*
pedal pedał (m) *pedaw*
pedal-boat rower wodny (m) *rover vodni*
pedestrian pieszy (m) *pieshi*
pedestrian crossing przejście dla
pieszych (n) *psheyshche dla pieshih*
pen długopis (m) *dwoogopees*
pencil ołówek (m) *owoovek*
penicillin penicylina (f) *peneetsileena*
penknife scyzoryk (m) *stsizorik*

pensioner emeryt/emerytka (m/f) *emerit/emeritka*

people ludzie *loodje*

pepper pieprz (m) *piepsh*

» green/red pepper papryka zielona/czerwona (f) *paprika zhelona/chervona*

per na *na*

perfect idealny/a/e *eede-alni/a/e*

performance przedstawienie (n) *pshetstavienie*

perfume perfumy (pl) *perfoomi*

perhaps być może *bich mozhe*

period *(menstrual)* miesiączka (f) *mieshonchka*

» period pains bóle miesiączkowe (m/pl) *boole mieshonchkove*

perm trwała (f) *trfawa*

permit zezwolenie (n) *zezvolenie*

to permit zezwolić *zezvoleech*

personal osobisty/a/e *osobeesti/a/e*

petrol benzyna (f) *benzina*

petrol can kanister (m) *kaneester*

petrol station stacja benzynowa (f) *statsia benzinova*

petticoat halka *halka*

philosophy filozofia (f) *feelosofia*

photo zdjęcie (n) *zdienche*

photocopy fotokopia (f) *fotokopia*

to photocopy fotokopiować *fotokopiovach*

photographer fotograf (m) *fotograf*

phrase book rozmówki (f/pl) *rozmoofkee*

physics fizyka (f) *feezika*

piano pianino (n) *pianeeno*

to pick *(choose)* wybrać *vibrach (flowers etc.)* zbierać *zbierach*

picnic piknik (m), majówka (f) *peekneek, ma-yoofka*

picture obraz (m) *obras*

piece kawałek (m) *kavawek*

pier molo (n) *molo*

pig świnia (f) *shfeenia*

pill tabletka (f) *tabletka*

» the pill tabletka antykoncepcyjna (f) *tabletka antikontseptsiyna*

pillow poduszka (f) *podooshka*

pillowcase poszewka na poduszkę (f) *poshefka na podooshke*

pilot pilot (m) *peelot*

pilot light płomyk zapalacza (m) *pwomik zapalacha*

pink różowy/a/e *roozhovi/a/e*

pipe *(smoking)* fajka (f) *fayka (drain)* rynna (f) *rinna*

place; seat miejsce (n) *mieystse*

plan plan (m) *plan*

plane samolot (m) *samolot*

plant roślina (f) *roshleena*

plaster *(sticking)* plaster (m) *plaster*

plastic plastik (m) *plastik*

plastic bag torba plastikowa (f) *torba plastikova*

plate talerz (m) *talesh*

platform peron (m) *peron*

play *(theatre)* sztuka (f) *shtooka*

to play *(game)* grać *grach (instrument)* grać na *grach na*

pleasant przyjemny/a/e *pshiyemni/a/e*

please proszę *proshe*

pleased zadowolony/a/e *zadovoloni/a/e*

plenty *(of)* dużo *doozho*

pliers szczypce (pl) *shchiptse*

plimsolls tenisówki (f/pl) *teneesoofkee*

plug *(bath)* korek (m) *korek (electrical)* wtyczka *ftichka*

plumber hydraulik(m) *hidra-ooleek*

pneumonia zapalenie płuc (n) *zapalenie pwoots*

pocket kieszeń (f) *kieshen*

poison trucizna (f) *troocheezna*

poisonous trujący/a/e *trooyontsi/a/e*

police policja (f) *poleetsia*

police car radiowóz policyjny (m) *radiovoos poleetsiyni*

police station komisariat policji (m) *komeesariat poleetsee*

Polish polski/a/e *polskee/a/e*
polite uprzejmy/a/e *oopsheymi/a/e*
political polityczny/a/e *poleetichni/a/e*
politician polityk (m) *poleetik*
politics polityka (f) *poleetika*
polluted zanieczyszczony/a/e
   *zaniechishchoni/a/e*
pollution zanieczyszczenie (n)
   *zaniechishchenie*
pool *(swimming)* pływalnia (f), basen (m)
   *pwivalnia, basen*
poor biedny/a/e *biedni/a/e*
Pope papież (m) *papiesh*
popular popularny/a/e *popoolarni/a/e*
pork wieprzowina (f) *viepshoveena*
port *(harbour)* port (m) *port* (wine) porto
   (n) *porto*
portable przenośny/a/e *pshenoshni/a/e*
porter bagażowy *bagazhovi*
portion porcja (f) *portsia*
portrait portret (m) *portret*
positive *(sure)* pewny/a/e *pevni/a/e*
possible możliwy/a/e *mozhleevi/a/e*
  » as ... as possible jak tylko możliwe
   *yak tilko mozhleeve*
possibly być może *bich mozhe*
post *(mail)* poczta (f) *pochta*
to post wysłać pocztą *viswach pochtow*
postbox skrzynka na listy (f) *skshinka*
   *na leesti*
postcard pocztówka (f) *pochtoofka*
postcode kod pocztowy (m) *kot pochtovi*
poster plakat (m) *plakat* (billboard)
   billboard (m) *beelbort*
postman listonosz (m) *leestonosh*
post office poczta (f) *pochta*
to postpone odłożyć na później *odwozhich*
   *na poozniey*
postwoman listonoszka (f) *leestonoshka*
pot garnek (m) *garnek*
potato ziemniak (m) *zhemniak*
pottery ceramika (f) *tserameeka*
potty *(child's)* nocnik (m) *notsneek*

pound *(sterling)* funt (sterling) (m) *foont*
   *sterleenk*
to pour nalać *nalach*
powder puder (m) *pooder*
powdered milk mleko w proszku (n)
   *mleko f proshkoo*
power *(electrical)* prąd (m) *pront*
   *(physical strength)* siła, władza (f)
   *sheewa, vwadza*
power cut przerwa w dopływie prądu (f)
   *psherva v dopwivie prondoo*
pram wózek dziecięcy (m) *voozek*
   *djechentsi*
to prefer woleć *volech*
pregnant w ciąży *f chonzhi*
to prepare przygotować *pshigotovach*
prescription recepta (f) *retsepta*
present *(gift)* prezent (m) *prezent*
press *(newspapers)* prasa (f) *prasa*
pretty ładny/a/e *wadni/a/e*
price cena (f) *tsena*
priest ksiądz (m) *kshonts*
prime minister premier (m) *premier*
print *(photo)* zdjęcie (n) *zdienche*
to print wydrukować *vidrookovach*
prison więzienie (n) *vienzhenie*
private prywatny/a/e *privatni/a/e*
prize nagroda (f) *nagroda*
probably prawdopodobnie
   *pravdopodobnie*
problem problem (m) *problem*
producer *(radio/TV/film)* producent (m)
   *prodootsent*
profession zawód (m) *zavoot*
professor profesor (m) *profesor*
profit zysk (m) *zisk*
programme program (m) *program*
prohibited zabroniony/a/e *zabronioni/a/e*
to promise obiecać *obietsach*
to pronounce wymawiać *vimaviach*
properly odpowiednio *otpoviednio*
property własność (f) *vwasnoshch*
Protestant protestancki/a/e
   *protestantskee/a/e*

public publiczny/a/e *poobleechni/a/e*
public holiday dzień wolny od pracy (m) *djen volni ot pratsi*
to pull ciągnąć *chongnonch*
to pump up napompować *napompovach*
puncture dętka (f) *dentka*
pure czysty/a/e *chisti/a/e*
purple fioletowy/a/e, purpurowy/a/e *fioletovi/a/e, poorpoorovi/a/e*
purse portmonetka (f) *portmonetka*
to push pchać *phach*
push-chair spacerówka (f) *spatseroofka*
to put down położyć *powozhich*
to put on *(clothes)* włożyć *vwozhich*
pyjamas pidżama (f) *peedjama*

## Q

quality jakość (f) *yakoshch*
quarter ćwierć (f) *chfierch*
quay nabrzeże (n) *nabzhezhe*
queen królowa (f) *kroolova*
question pytanie (n) *pitanie*
queue kolejka (f) *koleyka*
quick(ly) szybki/a/e; szybko *shipkee/a/e, shipko*
quiet cichy/a/e, spokojny/a/e *cheehi/a/e, spokoyni/a/e*
quite zupełnie *zoopewnie*

## R

rabbi rabin (m) *rabeen*
rabbit królik (m) *krooleek*
rabies wścieklizna (f) *fshchekleezna*
racecourse tor wyścigowy (m) *tor vishcheegovi*
racing wyścigi (m/pl) *vishcheegee*
racket *(tennis)* rakieta (f) *rakieta*
radiator kaloryfer (m) *kalorifer*
radio radio (n) *radio*
radioactive radioaktywny/a/e *radio-aktivni/a/e*

radio station stacja radiowa (f) *statsia radiova*
railway kolej (f) *koley*
railway station dworzec kolejowy (m) *dvozhets koleyovi*
rain deszcz (m) *deshch*
» it's raining pada deszcz *pada deshch*
raincoat płaszcz nieprzemakalny (m) *pwashch niepshemakalni*
to rape zgwałcić *zgvawcheech*
rare rzadki/a/e *zhatkee/a/e (steak)* lekko wysmażony *lekko vismazhoni*
rash *(spots)* wysypka (f) *visipka*
rate *(speed)* prędkość (f) *prentkoshch (tariff)* stawka (f) *stafka*
rather *(quite)* dosyć *dosich*
raw surowy/a/e *soorovi/a/e*
razor brzytwa (f) *bzhitfa*
razor blade żyletka (f) *zhiletka*
to reach dosięgnąć *doshengnonch*
to read czytać *chitach*
reading lektura (f) *lektoora*
ready gotowy/a/e *gotovi/a/e*
real *(authentic)* autentyczny/a/e *a-ootentichni/a/e*
really naprawdę *napravde*
rear tylny/a/e *tilni/a/e*
reason powód (m) *povoot*
receipt kwit, paragon (m) *kfeet, paragon*
receiver *(telephone)* słuchawka (f) *swoohafka*
reception recepcja (f) *retseptsia*
receptionist recepcjonistka (f) *retseptsioneestka*
recipe przepis (m) *pshepees*
to recognise rozpoznać *rospoznach*
to recommend polecić *polecheech*
record płyta (f) *pwita*
to record nagrać *nagrach*
to recover *(from an illness)* wyzdrowieć *vizdroviech*
red czerwony/a/e *chervoni/a/e*
Red Cross Czerwony Krzyż(m) *chervoni kshish*

reduction redukcja, obniżka (f) *redooktsia, obneeshka*

to refill napełnić ponownie *napewneech ponovnnie*

refrigerator lodówka (f) *lodoofka*

refugee uchodźca *oohochtsa*

refund zwrot pieniędzy (m) *zvrot pieniendzi*

to refund zwrócić pieniądze *zvroocheech pieniondze*

region rejon (m) *reyon*

to register (luggage etc) zgłosić *zgwosheech*

registered (letter) polecony *poletsoni/a/e*

registration document (car) dokument rejestracyjny (m) *dokooment reyestratsiyni*

registration number numer rejestracyjny (m) *noomer reyestratsiyni*

relation (family) krewny/a/e *krevni/a/e*

religion religia (f) *releegia*

to remain pozostać *pozostach*

to remember pamiętać *pamientach*

to remove usunąć *oosoononch* (tooth) wyrwać *virvach*

rent czynsz (m) *chinsh*

to rent wynająć *vinayonch*

to repair zreperować, naprawić *zreperovach, napraveech*

to repeat powtórzyć *poftoozhich*

to reply odpowiedzieć *otpoviedjech*

report raport (m) *raport*

to report (crime) donieść *donieshch*

to rescue uratować *ooratovach*

reservation (hotel etc) rezerwacja (f) *reservatsia*

to reserve zarezerwować *zarezervovach*

reserved zarezerwowany/a/e *zarezervovani/a/e*

responsible odpowiedzialny/a/e *otpoviedjalni/a/e*

to rest odpoczywać *otpochivach*

restaurant restauracja (f) *resta-ooratsia*

result rezultat, wynik (m) *resooltat, vineek*

retired na emeryturze *na emeritoozhe*

return powrót (m) *povroot* (ticket) powrotny *povrotni*

to return wrócić *vroocheech* (give back) zwrócić *zvroocheech*

to reverse (car) cofać się *tsofach she*

reverse-charge call rozmowa 'R' (f) *rozmova er*

rheumatism reumatyzm (m) *re-oomatism*

ribbon wstążka (f) *fstonshka*

rice ryż (m) *rish*

rich bogaty/a/e *bogati/a/e*

to ride (horse/bike) jechać *yehach*

right prawy/a/e *pravi/a/e* (correct) poprawny/a/e *popravni/a/e*

  » to be right mieć rację *miech ratsie*

right-hand (direction) na prawo *na pravo*

ring (jewellery) pierścionek (m) *piershchonek*

river rzeka (f) *zheka*

road droga (f) *droga*

roadworks roboty drogowe (f/pl) *roboti drogove*

roast pieczeń (f) *piechen*

to rob obrabować *obrabovach*

robbery rabunek (m) *raboonek*

roof dach (m) *dah*

room pokój (m) *pokooy* (space) przestrzeń (f), miejsce (n) *pshestshen, mieystse*

rope lina (f) *leena*

rose róża (f) *roozha*

rotten zgniły/a/e *zgneewi/a/e*

rough (surface) szorstki/a/e *shorstkee/a/e* (sea) wzburzone *vzboozhone*

round okrągły/a/e *okrongwi/a/e*

roundabout rondo (n) *rondo*

row (theatre etc.) rząd (m) *zhont*

rowing boat łódź wiosłowa (f) *wooch vioswova*

royal królewski/a/e *kroolefskee/a/e*

rubber guma (f) *gooma*

rubbish (litter) śmieci (pl) *shmiechee*

rucksack plecak (m) *pletsak*
rude nieuprzejmy/a/e *nie-oopsheymi/a/e*
ruins ruiny (f/pl) *roo-eeni*
ruler *(for measuring)* linjka (f) *leeneeyka*
to run biec *biets*
  rush hour godzina szczytu (f) *godjeena shchitoo*
  rusty zardzewiały/a/e *zardzeviawi/a/e*

<br>

# S

sad smutny/a/e *smootni/a/e*
safe *(strongbox)* sejf (m) *seyf*
safe bezpieczny/a/e *bespiechni/a/e*
safety pin agrafka (f) *agrafka*
sail żagiel (m) *zhagiel*
to sail żeglować *zheglovach*
  sailing żeglarstwo (n) *zheglarstfo*
  sailing boat żaglówka (f) *zhagloofka*
  sailor marynarz (m) *marinash*
saint święty/a/e *shfienti/a/e*
salad sałatka (f) *sawatka*
sale *(bargains)* wyprzedaż (f) *vipshedash*
salmon łosoś (m) *wososh*
salt sól (f) *sool*
salty słony/a/e *swoni/a/e*
sample próbka (f) *proopka*
sand piasek (m) *piasek*
sandals sandałki (pl) *sandawkee*
sandwich kanapka (f) *kanapka (toasted)* zapiekanka (f) *zapiekanka*
sandy piaszczysty/a/e *piashchisti/a/e*
sanitary towels podpaski higieniczne (f/pl) *potpaskee heegieneechne*
sauce sos (m) *sos*
saucepan rondel *rondel*
saucer spodek (m) *spodek*
sauna sauna (f) *sa-oona*
to save *(money)* oszczędzać *oshchendzach*
to say powiedzieć *poviedjech*
to scald poparzyć *popazhich*
scales waga (f) *vaga*
scarf szalik (m) *shaleek (head)* nakrycie głowy (n) *nakriche gwovi*

scene scena (f) *stsena*
scenery widoki (m/pl) *veedokee*
school szkoła (f) *shkowa*
science nauki ścisłe (f/pl) *na-ookee shcheeswe*
scientist naukowiec (m) *na-ookovietsh*
scissors nożyczki (pl) *nozhichkee*
scooter skuter (m) *skooter*
Scotland Szkocja (f) *shkotsia*
Scottish *(man/woman)* Szkot/Szkotka *shkot/shkotka*
screen ekran (m) *ekran*
screw śrubka (f) *shroopka*
screwdriver śrubokręt (m) *shroobokrent*
sculpture rzeźba (f) *zhezhba*
sea morze (n) *mozhe*
seafood owoce morza (pl) *ovotse mozha*
seasick cierpiący/a/e na chorobę morską *cherpiontsi/a/e na horobe morskow*
season sezon (m) *sezon*
season ticket bilet sezonowy (m) *beelet sezonovi*
seat miejsce (n) *mieystse*
seatbelt pas (bezpieczeństwa) (m) *pas (bespiechenstfa)*
second *(time period)* sekunda (f) *sekoonda (adj.)* drugi/a/e *droogee/a/e*
secret sekret (m) *sekret*
secretary sekretarka (f) *sekretarka*
section sekcja (f), dział (m) *sektsia, djaw*
sedative środek uspokajający (m) *shrodek oospokayayontsi*
to see widzieć *veedjech*
to seem: it seems wydaje się *vidaye she*
  self-catering z własnym wyżywieniem *z vwasnim vizhivieniem*
  self-service samoobsługa (f) *samo-opswooga*
to sell sprzedawać *spshedavach*
to send wysłać *viswach*
  senior citizen starsza osoba (f) *starsha osoba*
sensible rozsądny/a/e *rossondni/a/e*
sentence zdanie (n) *zdanie*

**separate(d)** oddzielny/a/e; w separacji *oddjelni/a/e, f seperatsee*

**septic tank** szambo (n) *shambo*

**serious** poważny/a/e *povazhni/a/e*

to **serve** obsługiwać; służyć *opswoogeevach, swoozhich*

**service** *(charge)* opłata za obsługę (f) *opwata za opswooge* *(church)* msza (f) *msha*

**several** kilka *keelka*

to **sew** szyć *shich*

**sewing** szycie (n) *shiche*

**sex** stosunek seksualny (m) *stosoonek seksoo-alni (gender)* płeć (f) *pwech*

**shade** *(not sunny)* cień (m) *chen*

**shampoo** szampon (m) *shampon*

**sharp** ostry/a/e *ostri/a/e*

to **shave** golić się *goleech she*

**shaving cream/foam** krem do golenia (m) *krem do golenia*

**she** ona *ona*

**sheep** owca (f) *oftsa*

**sheet** prześcieradło (n) *psheshcheradwo*

**shelf** półka (f) *poowka*

**shelter** schronienie (n) *shronienie*

**shiny** błyszczący/a/e *bwishchontsi/a/e*

**ship** statek (m) *statek*

**shirt** koszula (f) *koshoola*

**shock** *(electrical)* porażenie prądem (n) *porazhenie prondem (emotional)* szok *shok*

**shocked** zaszokowany/a/e *zashokovani/ a/e*

**shoe(s)** but(y) (m/pl) *boot(i)*

**shoelace** sznurowadło (n) *shnoorovadwo*

**shoe polish** pasta do butów (f) *pasta do bootoof*

**shoe repairer** szewc (m) *shefts*

**shoe shop** sklep z obuwiem (m) *sklep z oobooviem*

**shop** sklep (m) *sklep*

**shop assistant** sprzedawca/ sprzedawczyni (m/f) *spshedaftsa/ spshedafchinee*

**shopping: to go shopping** iść na zakupy *eeshch na zakoopi*

**shopping centre** centrum handlowe (n) *tsentroom handlove*

**short** krótki/a/e *krootkee/a/e*

**shorts** szorty (pl) *shorti*

**shout** krzyczeć *kshichech*

**show** przedstawienie (n) *pshetstavienie*

to **show** pokazać *pokazach*

**shower** prysznic (m) *prishneets*

to **shower** brać prysznic *brach prishneets*

to **shrink** skurczyć się *skoorchich she*

**shut** zamknięty/a/e *zamknienti/a/e*

to **shut** zamknąć *zamknonch*

**shutter** *(camera)* migawka (f) *meegafka*

**sick** chory/a/e *hori/a/e*
  » **to be sick** wymiotować *vimiotovach*
  » **to feel sick** mieć mdłości *mieech mdwoshchee*

**side** strona (f) *strona*

**sieve** sitko (n) *sheetko*

**sight** *(vision)* wzrok (m) *vzrok (tourist)* zabytki historyczne (m/pl) *zabitkee heestorichne*

**sightseeing** zwiedzanie (n) *zviedzanie*

**sign** znak (m) *znak*

to **sign** podpisać *potpeesach*

**signal** sygnał (m) *signaw*

**signature** podpis (m) *potpees*

**silent** cichy/a/e *cheehi/a/e*

**silk** jedwab (m) *yedvap*

**silver** srebro (n) *srebro*

**SIM card** karta SIM (f) *karta sim*

**similar** podobny/a/e *podobni/a/e*

**simple** prosty/a/e *prosti/a/e*

**since** od *ot*

to **sing** śpiewać *shpievach*

**single** *(room)* pojedynczy *poyedinchi (ticket)* w jedną stronę *v yednow strone (unmarried)* wolny (m), wolna (f) *volni/volna*

**sink** *(kitchen/bathroom)* zlew (m); umywalka (f) *zlef/oomivalka*

**sir** pan (m) *pan*

sister siostra (f) *shostra*

sister-in-law bratowa (f) *bratova*

to sit *(down)* siadać *shadach*

size *(clothes)* rozmiar (m) *rozmiar (shoes)* numer (m) *noomer*

skates *(ice)* łyżwy (f/pl) *wizhvi* *(roller)* wrotki (f/pl) *vrotkee*

to skate jeździć na łyżwach *yezhdjeech na wizhvah*

to ski jeździć na nartach *yezhdjeech na nartah*

skis narty (f/pl) *narti*

>> ski boots buty narciarskie (m/pl) *booti narcharskie*

skiing: cross-country skiing jazda na nartach biegowych (f) *yazda na nartah biegovih*

>> downhill skiing narciarstwo zjazdowe (n) *narcharstfo ziazdove*

ski-lift wyciąg narciarski (m) *vichonk narcharskee*

ski pole kijek narciarski (m) *keeyek narcharskee*

ski-run/slope zbocze (n) *zboche*

skimmed milk chude mleko (n) *hoode mleko*

skin skóra (f) *skoora*

skirt spódnica (f) *spoodneetsa*

sky niebo (n) *niebo*

to sleep spać *spach*

sleeper/sleeping-car wagon sypialny (m) *vagon sipialni*

sleeping bag śpiwór (m) *shpeevoor*

sleeve rękaw (m) *renkaf*

slice plasterek (m) *plasterek*

sliced pokrojony/a/e *pokroyoni/a/e*

slim szczupły/a/e *shchoopwi/a/e*

slippery śliski/a/e *shleeskee/a/e*

slow(ly) powolny/a/e, powoli *povolni /a/e, povolee*

small mały/a/e *mawi/a/e*

smell zapach (m) *zapah (unpleasant)* nieprzyjemny zapach *niepshiyemni zapah*

to smell wąchać *vonhach*

to smell of *(nice)* ładnie pachnieć *wadnie pahniech (unpleasant)* śmierdzieć *shmierdjech*

smile uśmiech (m) *ooshmieh*

to smile uśmiechać się *ooshmiehach she*

smoke dym (m) *dim*

to smoke palić *paleech*

smooth gładki/a/e *gwatkee/a/e*

to sneeze kichać *keehach*

snorkel fajka do nurkowania (f) *fayka do noorkovania*

snow śnieg (m) *shniek*

>> it's snowing pada śnieg *pada shniek*

snow chains łańcuchy śniegowe (m/pl) *wantsoohi shniegove*

so *(therefore)* więc *vients*

soap mydło (n) *midwo*

sober trzeźwy/a/e *tshezhvi/a/e*

socialism socjalizm (m) *sotsializm*

socialist *(adj.)* socjalistyczny/a/e *sotsialeestichni/a/e*

social worker pracownik socjalny (m/f) *pratsovneek sotsialni/a/e*

sociology socjologia (f) *sotsiologia*

sock skarpetka (f) *skarpetka*

socket gniazdko (n) *gniastko*

soft miękki/a/e *mienkee/a/e*

soft drink napój bezalkoholowy (m) *napooy bezalkoholovi*

software oprogramowanie (n) *oprogramovanie*

soldier żołnierz (m) *zhowniesh*

sold out wyprzedany/a/e *vipshedani/a/e*

solicitor adwokat (m) *advokat*

solid solidny/a/e *soleedni/a/e*

some trochę *trohe*

somehow jakoś *yakosh*

someone ktoś *ktosh*

something coś *tsosh*

sometimes od czasu do czasu *ot chasoo do chasoo*

somewhere gdzieś *gdjesh*

son syn (m) *sin*

song piosenka (f) *piosenka*

son-in-law zięć (m) *zhench*

soon wkrótce *fkrootse*

» as soon as possible jak najszybciej *yak nayshipchey*

sore bolesny/a/e *bolesni/a/e*

sorry: I'm sorry przepraszam *psheprasham*

sound dźwięk (m) *djvienk*

soup zupa (f) *zoopa*

sour kwaśny/a/e *kfashni/a/e*

south południe (n) *powoodnie*

souvenir pamiątka (f) *pamiontka*

space przestrzeń (f) *pshestshen*

spade szpadel (m) *shpadel*

spanner klucz (maszynowy) (m) *klooch (mashinovi)*

spare zapasowy/a/e *zapasovi/a/e*

spare time wolny czas (m) *volni chas*

spare tyre zapasowa opona (f) *zapasova opona*

sparkling (wine) musujący/a/e *moosooyontsi/a/e*

to speak mówić *mooveech*

special specjalny/a/e *spetsialni/a/e*

special offer oferta specjalna (f) *oferta spetsialna*

specialist specjalista (m) *spetsialeesta*

speciality specjalność (f) *spetsialnoshch*

spectacles okulary (pl) *okoolari*

speed prędkość (f) *prentkoshch*

speed limit ograniczenie prędkości (n) *ograneechenie prentkoshchee*

to spend (money) wydawać *vidavach* (time) spędzać *spendzach*

spice przyprawa (f) *pshiprava*

spicy pikantny/a/e *peekantni/a/e*

spirits (alcohol) napoje alkoholowe (m/pl) *napoye alkoholove*

splinter drzazga (f) *djazga*

to spoil zepsuć *zepsooch*

sponge (bath) gąbka (f) *gompka*

spoon łyżka (f) *wishka*

sport sport (m) *sport*

spot (skin) pryszcz (m) *prishch (place)* miejsce (n) *mieystse*

to sprain zwichnąć *zveehnonch*

sprained zwichnięty/a/e *zveehnienti/a/e*

spray aerozol (m) *aerosol*

spring (season) wiosna (f) *viosna*

square plac (m) *plats (shape)* kwadrat (m) *kfadrat*

stadium stadion (m) *stadion*

stain plama (f) *plama*

stainless steel stal nierdzewna (f) *stal nierdzevna*

stairs schody (pl) *shodi*

stalls (theatre) parter (m) *parter*

stamp (postage) znaczek (m) *znachek*

stand (stadium) trybuna (f) *triboona*

to stand stać *stach*

to stand up wstać *fstach*

stapler zszywacz (m) *sshivach*

star gwiazda (f) *gviazda*

start początek (m) *pochontek*

to start zacząć *zachonch*

starter (food) przekąska (f) *pshekonska*

state (country) stan (m) *stan*

station stacja (f), dworzec (m) *statsia, dvozhets*

stationer's papeteria (f) *papeteria*

statue pomnik (m) *pomneek*

to stay (live) zatrzymać się *zatshimach she* (remain) zostać *zostach*

to steal ukraść *ookrashch*

steam para (f) *para*

steamer parowiec (m) *paroviets*

steel stal (f) *stal*

steep stromy/a/e *stromi/a/e*

step (stairs) stopień (m) *stopien*

step-brother brat przyrodni (m) *brat pshirodnee*

step-father ojczym (m) *oychim*

step-mother macocha (f) *matsoha*

step-sister siostra przyrodnia (f) *shostra pshirodnia*

step-son/daughter pasierb/pasierbica (m/f) *pasherp/pasherbeetsa* stereo zestaw stereo (n) *zestaf stereo*

sticky lepki/a/e *lepkee/a/e*

sticky tape taśma klejąca (f) *tashma kleyontsa*

stiff sztywny/a/e *shtivni/a/e*

still *(yet)* nadal *nadal (non-fizzy)* bez gazu *bez gazoo*

sting żądło (n) *zhondwo*

to sting użądlić *oozhondleech*

stock exchange giełda (f) *giewda*

stockings pończochy (f/pl) *ponchohi*

stolen skradziony/a/e *skradjoni/a/e*

stomach żołądek, brzuch (m) *zhowondek, bzhooh*

stomach ache ból żołądka/brzucha (m) *bool zhowontka/bzhooha*

stomach upset niestrawność (f) *niestravnoshch*

stone kamień (m) *kamien*

stop *(bus)* przystanek autobusowy (m) *pshistanek a-ootoboosovi*

to stop zatrzymać się *zatshimach she*

›› stop! stop! *stop*

stopcock zawór (m) *zavoor*

stove piec (m) *piets*

straight prosty/a/e *prosti/a/e*

›› straight on prosto *prosto*

strange dziwny/a/e *djeevni/a/e*

stranger obcy *optsi/a/e*

strap *(bra)* ramiączko (n), pasek (m) *ramionchko, pasek*

straw *(drinking)* słomka (f) *swomka*

street ulica (f) *ooleetsa*

stretcher nosze (pl) *noshe*

strike strajk (m) *strayk*

›› on strike strajkować *straykovach*

string sznurek (m) *shnoorek*

striped w paski *f paskee*

strong silny/a/e *sheelni/a/e*

student student/studentka (m/f) *stoodent/stoodentka*

to study studiować *stoodiovach*

stupid głupi/a/e *gwoopee/a/e*

style styl (m) *stil*

subtitles napisy (m/pl) *napeesi*

suburb przedmieście (n) *pshedmieshche*

to succeed odnieść sukces *odnieshch sooktses*

success sukces (m) *sooktses*

such taki/a/e *takee/a/e*

suddenly nagle *nagle*

sugar cukier (m) *tsookier*

sugar lump kostka cukru (f) *kostka tsookroo*

suit *(man's)* garnitur (m) *garneetoor*

suitcase walizka (f) *valeeska*

summer lato (n) *lato*

sun słońce (n) *swontse*

to sunbathe opalać się *opalach she*

sunburn oparzenie słoneczne (n) *opazhenie swonechne*

sunglasses okulary słoneczne (pl) *okoolari swonechne*

sunny słoneczny/a/e *swonechni/a/e*

sunshade parasolka słoneczna (f) *parasolka swonechna*

sunstroke udar słoneczny (m) *oodar swonechni*

suntan opalenizna (f) *opaleneezna*

suntan lotion mleczko do opalania (n) *mlechko do opalania*

supermarket supermarket (m) *soopermarket*

supper kolacja (f) *kolatsia*

supplement dodatek (m), dopłata (f) *dodatek, dopwata*

suppository czopek (m) *chopek*

sure pewny/a/e *pevni/a/e*

surface powierzchnia (f) *povieshhnia*

surname nazwisko (n) *nazveesko*

surprise niespodzianka (f) *niespodjanka*

surprised zdziwiony/a/e *zdjeevioni/a/e*

surrounded by otoczony/a/e przez *otochoni/a/e pshes*

to sweat pocić się *pocheech she*

sweater sweter (m) *sfeter*

sweatshirt bluza (f) *blooza*

to sweep zamieść *zamiesch*

sweet słodki/a/e *swotkee/a/e*
sweetener słodzik (m), sacharyna (f) *swodjeek, saharina*
sweets słodycze (pl) *swodiche*
swelling opuchlina (f) *opoohleena*
to swim pływać *pwivach*
swimming pływanie (n) *pwivanie*
swimming pool basen (m), pływalnia (f) *basen, pwivalnia*
swimming trunks, swimsuit kąpielówki (pl), kostium kąpielowy (m) *kompieloofkee, kostioom kompielovi*
switch wyłącznik/przełącznik *viwonchneek/pshewonchneek*
to switch off wyłączyć *vivonchich*
to switch on włączyć *vvonchich*
swollen spuchnięty/a/e *spoohnienti/a/e*
symptom symptom (m) *simptom*
synagogue synagoga (f) *sinagoga*
synthetic syntetyczny/a/e *sintetichni/a/e*
system system (m) *sistem*

# T

table stół (m) *stoow*
tablet tabletka (f) *tabletka*
table tennis ping-pong (m) *peenk-ponk*
tailor krawiec/krawcowa (m/f) *kraviets/kraftsova*
to take brać, wziąć *brach, wzionch* (photo) zrobić zdjęcie *zrobeech zdienche* (time) nie spieszyć się *nie spieshich she*
taken (seat) zajęty/a/e *zayenti/a/e*
to take off (clothes) rozebrać się *rozebrach she* (plane) odlatywać *odlativach*
talcum powder talk (m) *talk*
to talk rozmawiać *rozmaviach*
tall wysoki/a/e *visokee/a/e*
tampons tampony (m/pl) *tamponi*
tap kurek (m) *koorek*
tape taśma (f) *tashma*
tape measure miara taśmowa *miara tashmova*
taste smak (m) *smak*

to taste spróbować *sproobovach*
tax podatek (m) *podatek*
taxi taksówka (f) *taksoofka*
taxi rank postój taksówek (m) *postooy taksoovek*
tea herbata (f) *herbata*
teabag herbata z torebki (f) *herbata s torepkee*
to teach uczyć *oochich*
teacher (m/f) nauczyciel/nauczycielka *na-oochichel/na-oochichelka*
team ekipa (f) *ekeepa*
teaspoon łyżeczka (f) *vizhechka*
teat (for baby's bottle) smoczek (m) *smochek*
tea-towel ścierka (f) *shcherka*
teenager (m/f) nastolatek/nastolatka *nastolatek/nastolatka*
telegram telegram (m) *telegram*
telephone telefon (m) *telefon*
to telephone telefonować, dzwonić *telefonovach,dzvoneech*
telephone card karta telefoniczna (f) *karta telefoneechna*
telephone directory książka telefoniczna (f) *kshonshka telefoneechna*
telephone kiosk budka telefoniczna (f) *bootka telefoneechna*
television telewizja (f) *televeezia*
temperature temperatura (f) *temperatoora*
» to have a temperature mieć temperaturę *miech temperatoore*
temporary tymczasowy/a/e *timchasovi/a/e*
tennis tenis (m) *tenees*
tennis court kort tenisowy (m) *kort teneesovi*
tent namiot (m) *namiot*
tent peg kołek namiotowy (m) *kowek namiotovi*
tent pole maszt namiotowy (m) *masht namiotovi*
terminal (airport) terminal (m) *termeenal*

terminus stacja końcowa (f) *statsia kontsova*

terrace taras (m) *taras*

terrible okropny/a/e *okropni/a/e*

terrorist terrorysta (m) *terrorista*

to text wysłać smsa *viswach esemesa*

text message sms (m) *esemes*

than niż *neesh*

thank you (very much) dziękuję (bardzo) *djenkooye (bardzo)*

that (one) tamten/tamta/tamto (m/f/n) *tamten/tamta/tamto*

theatre teatr (m) *teatr*

their, theirs ich *eeh*

them ich, im *eeh, eem*

then potem *potem* (later) później *poozhniey*

there tam *tam*

there is/are jest/są *yest/sow*

therefore dlatego *dlatego*

thermometer termometr (m) *termometr*

these (men) ci, chee (women) te, te

they (men) oni *onee* (women) one *one*

thick gęsty/a/e *gensti/a/e*

thief złodziej/złodziejka (m/f) *zwodjey/ zwodjeyka*

thin chudy/a/e *hoodi/a/e*

thing rzecz, sprawa *zhech, sprava*

to think myśleć *mishlech*

third trzeci/a/e *tshechee/a/e*

thirsty: I am thirsty: chce mi się pić *htse mee she peech*

this (one) ten, ta, to (m/f/n) *ten, ta, to*

those tamte (f) tamci (m) *tamte, tamchee*

thread nić (f) *neech*

throat lozenges/pastilles pastylki do ssania (f/pl) *pastilkee do ssania*

through przez *pshes*

to throw rzucać *zhootsach*

to throw away wyrzucać *vizhootsach*

thumb kciuk (m) *kchook*

thunder grzmot (m) *gzhmot*

ticket (travel/theatre) bilet (m) *beelet*

ticket office kasa biletowa (f) *kasa beeletova*

tide (high/low) przypływ/odpływ (m) *pshipwif/otpwif*

tidy (person) schludny/a/e *shloodni/a/e* (room) sprzątnięty/a/e *spshontnienti/ a/e*

to tie zawiązać *zavionzach*

tight (clothes) obcisły/a/e *opcheeswi/a/e*

tights rajstopy (pl) *raystopi*

till (until) do *do*

time czas (m) *chas* (once etc.) kiedyś *kiedish* (on clock) godzina (f) *godjeena*

timetable (train) rozkład jazdy (m) *roskwat yazdi*

tin puszka (f) *pooshka*

tin foil folia aluminiowa (f) *folia aloomeeniova*

tinned w puszce *f pooshtse*

tin opener otwieracz do puszek (m) *otfierach do pooshek*

tip (in restaurant) napiwek (m) *napeevek*

tired zmęczony/a/e *zmenchoni/a/e*

tissues chusteczki higieniczne (f/pl) *hoostechkee heegieneechne*

to do *do*

toast (drink) toast (m) *to-ast* (bread) grzanka (f) *gzhanka*

tobacco tytoń (m) *titon*

tobacconist's sklep tytoniowy (m) *sklep titoniovi*

today dzisiaj *djeeshay*

toilet paper papier toaletowy (m) *papier to-aletovi*

toiletries artykuły kosmetyczne (m/pl) *artikoowi kosmetichne*

toilets toalety (f/pl) *to-aleti*

token żeton (m) *zheton*

toll opłata drogowa (f) *opwata drogova*

tomato pomidor (m) *pomeedor*

tomorrow jutro *yootro*

tongue język (m) *yenzik*

tonight dzisiaj wieczorem *djeeshay viechorem*

**too** za za *(as well)* też *tesh*

**tool** narzędzie (n) *nazhendje*

**tooth** ząb (m) *zomp*

**toothache** ból zęba (m) *bool zemba*

**toothbrush** szczoteczka do zębów (f) *shchotechka do zemboof*

**toothpaste** pasta do zębów (f) *pasta do zemboof*

**toothpick** wykałaczka (f) *vikawachka*

**top** *(mountain)* szczyt (m) *shchit*

» **on top of** oprócz *oprooch*

**torch** latarka (f) *latarka*

**torn** rozdarty/a/e *rozdarti*

**total: in total** w sumie *f soomie*

**totally** całkowicie *tsawkoveeche*

to **touch** dotykać *dotikach*

**tough** *(meat)* twardy/a/e *tfardi/a/e*

**tour** wycieczka (f) *vichechka*

to **tour** zwiedzać *zviedzach*

**tourism** turystyka (f) *tooristika*

**tourist** turysta (m) *toorista*

**tourist office** biuro turystyczne (n) *biooro tooristichne*

to **tow** holować *holovach*

**towards** w kierunku *f kieroonkoo*

**towel** ręcznik (m) *renchneek*

**tower** wieża (f) *viezha*

**town** miasto (n) *miasto*

**town centre** centrum miasta (n) *tsentroom miasta*

**town hall** ratusz (m) *ratoosh*

**tow rope** lina do holowania (f) *leena do holovania*

**toy** zabawka (f) *zabafka*

**track** ślad (m) *shlat*

**tracksuit** dres (m) *dres*

**trade union** związek zawodowy (m) *zvionzek zavodovi*

**traditional** tradycyjny/a/e *traditsiyny/a/e*

**traffic** ruch uliczny (m) *rooh ooleechni*

**traffic jam** korek uliczny (m) *korek ooleechni*

**traffic lights** światła (n/pl) *shfiatwa*

**trailer** przyczepa (f) *pshichepa*

**train** pociąg (m) *pochonk*

» **by train** pociągiem *pochongiem*

**trainers** adidasy (m/pl) *adeedasi*

**tram** tramwaj (m) *tramvay*

**tranquilliser** środek uspokający (m) *shrodek oospokayayontsi*

to **translate** przetłumaczyć *pshetwoomachich*

**translation** tłumaczenie (n) *twoomachenie*

to **travel** podróżować *podroozhovach*

**travel agency** biuro podróży (n) *biooro podroozhi*

**traveller's cheques** czeki podróżne (m/pl) *chekee podroozhne*

**travel sickness** choroba lokomocyjna (f) *horoba lokomotsiyna*

**tray** taca (f) *tatsa*

**treatment** leczenie (n) *lechenie*

**tree** drzewo (n) *djevo*

**trip** wycieczka (f), podróż (f) *vichechka, podroosh*

**trousers** spodnie (pl) *spodnie*

**trout** pstrąg (m) *pstronk*

**true** prawdziwy/a/e *pravdjeevi/a/e*

» **that's true** to prawda *to pravda*

to **try** spróbować *sproobovach*

to **try on** przymierzyć *pshimiezhich*

**T-shirt** koszulka (f) *koshoolka*

**tube** *(pipe)* tubka (f) *toopka* *(underground)* metro (n) *metro*

**tuna** tuńczyk (m) *toonchik*

**tunnel** tunel (m) *toonel*

**turn: it's my turn** to moja kolej *to moya koley*

to **turn** odwrócić się *odvroocheech she*

to **turn off** wyłączyć *viwonchich*

**turning** *(side road)* zakręt (m) *zakrent*

**twice** dwa razy *dva razi*

**twin beds** dwa pojedyncze łóżka (n/pl) *dva poyedinche wooshka*

**twins** bliźniaki *bleezhniakee*

**twisted** *(ankle)* zwichnięty/a/e *zveehnienti/a/e*

**to type** pisać na maszynie *peesach na mashinie*

**typical** typowy/a/e *tipovi/a/e*

## U

**ugly** brzydki/a/e *bzhitkee/a/e*

**ulcer** wrzód (m) *vzhoot*

**umbrella** parasolka (f) *parasolka*

**uncle** wujek (m) *vooyek*

**uncomfortable** niewygodny/a/e *nievigodni/a/e*

**under** pod *pot*

**underground** *(tube)* metro (n) *metro*

**underpants** kalesony (pl) *kalesoni (men)* slipy (pl) *sleepi*

**underpass** przejście podziemne (n) *psheyshche podzhemne*

**to understand** rozumieć *rozoomiech*

**underwater** podwodny/a/e *podvodni/a/e*

**underwear** bielizna(f) *bieleezna*

**to undress** rozbierać się *rozbierach she*

**unemployed** bezrobotny/a (m/f) *bezrobotni/a*

**unfortunately** niestety *niesteti*

**unhappy** niezadowolony/a/e, nieszczęśliwy/a/e *niezadovoloni/a/e, nieshchenshleevi/a/e*

**uniform** mundur (m) *moondoor*

**university** uniwersytet (m) *ooneeversitet*

**unleaded petrol** benzyna bezołowiowa (f) *benzina bezowoviova*

**unless** chyba że *hiba zhe*

**unpack** rozpakować *rospakovach*

**unpleasant** nieprzyjemny/a/e *niepshiyemni/a/e*

**to unscrew** odkręcić *otkrencheech*

**until** do *do*

**unusual** niezwykły/a/e *niezvikwi/a/e*

**unwell: I feel unwell** źle się czuję *zhle she chooye*

**up** w górę *v goore*

» **to be up** *(awake)* być na nogach *bich na nogah*

**uphill** pod górę *pod goore*

**upper** górny/a/e *goorni/a/e*

**upstairs** na górze *na goozhe*

**urgent** pilny/a/e *peelni/a/e*

**urine** mocz (m) *moch*

**us** nas *nas*

**USB lead** złącze USB (n) *zwonche oo-es-be*

**to use** używać *oozhivach*

**useful** pożyteczny/a/e *pozhitechni/a/e*

**useless** bezużyteczny/a/e *bezoozhitechni/a/e*

**usually** zwykle *zvikle*

## V

**vacant** wolny/a/e *volni/a/e*

**vacuum cleaner** odkurzacz (m) *otkoozhach*

**valid** ważny/a/e *vazhni/a/e*

**valley** dolina (f) *doleena*

**valuable** cenny/a/e *tsenni/a/e*

**valuables** kosztowności (pl) *koshtovnoshche*

**van** furgonetka (f) *foorgonetka*

**vanilla** wanilia (f) *vaneelia*

**vase** wazon (m) *vazon*

**VAT** VAT (m) *vat*

**vegetables** warzywa, jarzyny (f/pl) *vazhiva, yazhini*

**vegetarian** wegetariański/a/e *vegetarianskee/a/e*

**vehicle** pojazd (m) *poyast*

**very** bardzo *bardzo*

**vest** podkoszulek (m) *potkoshoolek*

**vet** weterynarz (m) *veterinash*

**via** przez *pshes*

**video** wideo (n) *veede-o*

**view** widok (m) *veedok*

**villa** willa (f) *veella*

**village** wieś (f) *viesh*

**vinegar** ocet (m) *otset*

**vineyard** winnica (f) *veenneetsa*

**virgin** dziewiczy/a/e *djeveechi/a/e*

**V W**

**Virgin Mary** Najświętsza Panna (f) *nayshfientsha panna*

**visa** wiza (f) *veeza*

**visit** wizyta (f) *veezita*

**to visit** *(person/town)* odwiedzić, zwiedzić *odviedjeech, zviedjeech*

**visitor** gość (m/f) *goshch*

**vitamin** witamina (f) *veetameena*

**voice** głos (m) *gwos*

**volleyball** siatkówka (f) *shatkoofka*

**voltage** napięcie (n) *napienche*

**to vote** głosować *gwosovach*

## W

**wage** zarobek (m) *zarobek*

**waist** talia (f) *talia*

**waistcoat** kamizelka (f) *kameezelka*

**to wait** *(for)* czekać (na) *chekach (na)*

**waiter** kelner (m) *kelner*

**waiting room** poczekalnia (f) *pochekalnia*

**waitress** kelnerka (f) *kelnerka*

**Wales** Walia (f) *valia*

**walk** spacer (m) *spatser*

**to walk/go for a walk** iść na spacer *eeshch na spatser*

**walking stick** laska (f) *laska*

**wall** ściana (f) *shchana*

**wallet** portfel (m) *portfel*

**to want** chcieć *hchech*

**war** wojna (f) *voyna*

**warm** ciepły/a/e *chepwi/a/e*

**to wash** myć *mich*

**washable** nadający/a/e się do prania *nadayontsi/a/e she do prania*

**wash-basin** umywalka (f) *oomivalka*

**washing** pranie (n) *pranie*

**washing machine** pralka (f) *pralka*

**washing powder** proszek do prania (m) *proshek do prania*

**to wash up** zmywać *zmivach*

**washing-up liquid** płyn do mycia naczyń (m) *pwin do micha nachin*

**wastepaper basket** kosz na śmieci (m) *kosh na shmiechee*

**watch** *(clock)* zegarek (m) *zegarek*

**to watch** oglądać *oglondach*

**water** woda (f) *voda*

**waterfall** wodospad (m) *vodospat*

**water heater** podgrzewacz wody (m) *podgzhevach vodi*

**waterproof** nieprzemakalny/a/e *niepshemakalni/a/e*

**waterskiing** jazda na nartach wodnych (f) *yazda na nartah vodnih*

**waterskis** narty wodne (f/pl) *narti vodne*

**wave** fala (f) *fala*

**way** *(path)* ścieżka (f) *shcheshka*

**wax** wosk (m) *vosk*

**we** my *mi*

**weather** pogoda (f) *pogoda*

**weather forecast** prognoza pogody (f) *prognoza pogodi*

**web** *(Internet)* sieć (f) *shech*

**web designer** konstruktor strony internetowej (m) *konstrooktor stroni eenternetovey*

**wedding** wesele (n) *vesele*

**week** tydzień (m) *tidjen*

**weekday** dzień tygodnia (m) *djen tigodnia*

**weekend** weekend (m) *weekend*

**weekly** *(press)* tygodnik *tigodneek*

**to weigh** ważyć *vazhich*

**weight** waga (f) *vaga*

**well** *(water)* studnia (f)*stoodnia*

**well** *(adv.)* dobrze *dobzhe*

**well done** *(steak)* dobrze wysmażony *dobzhe vismazhoni*

**Welsh** *(adj.)* walijski/a/e *valeeyskee/a/e*

**west** zachód (m) *zahoot*

**western** zachodni/a/e *zahodnee/a/e* *(film)* western (m) *western*

**wet** mokry/a/e *mokri/a/e*

**wetsuit** kombinezon piankowy (m) *kombinezon piankovi*

**what?** co? *tso*

**dictionary**

wheel koło (n) *kowo*

wheelchair wózek inwalidzki (m) *voozek eenvaleetskee*

when kiedy *kiedi*

when? kiedy? *kiedi*

where gdzie *gdje*

where? gdzie? *gdje*

which który/a/e *ktoori/a/e*

which? który/a/e? *ktoori/a/e*

while podczas gdy *potchas gdi*

white biały/a/e *biawi/a/e*

who? kto? *kto*

whole cały/a/e *tsawi/a/e*

why? dlaczego? *dlachego*

wide szeroki/a/e *sherokee/a/e*

widow wdowa (f) *vdova*

widower wdowiec (m) *vdoviets*

wife żona (f) *zhona*

wild dziki/a/e *djeekee/a/e*

to win wygrać *vigrach*

» who won? kto wygrał? *kto vigraw*

wind wiatr (m) *viatr*

» it's windy wieje wiatr *vieye viatr*

windmill wiatrak (m) *viatrak*

window okno (n) *okno (shop)* wystawa (f) *vistava*

to windsurf pływać na desce surfingowej *pwivach na destse serfeengovey*

wine wino (n) *veeno*

wing skrzydło (n) *skshidwo*

winter zima (f) *zheema*

with z *z*

without bez *bes*

woman kobieta (f) *kobieta*

wonderful cudowny/a/e *tsoodovni/a/e*

wood drewno (n) *drevno*

wool wełna (f) *vevna*

word słowo (n) *swovo*

work praca (f) *pratsa*

to work *(job)* pracować *pratsovach (function)* działać *djawach*

world (noun) świat (m) *shfiat (adj.)* światowy/a/e *shfiatovi/a/e*

World War One Pierwsza Wojna Światowa (f) *piersha voyna shfiatova*

World War Two Druga Wojna Światowa (f) *drooga voyna shfiatova*

worried zmartwiony/a/e *zmartfioni/a/e*

worse *(adv.)* gorzej *gozhey*

worth: it's worth... warto... *varto*

» it's not worth it nie warto *nie varto*

wound rana (f) *rana*

to wrap *(up)* zawinąć *zaveenonch*

to write pisać *peesach*

writer pisarz/pisarka (m/f) *peesash/ peesarka*

writing pad bloczek (m) *blochek*

writing paper papier do pisania (m) *papier do peesania*

wrong niewłaściwy/a/e *nievwashcheevi/ a/e*

# X

X-ray prześwietlenie (n) *psheshfietlenie*

# Y

yacht jacht (m) *yaht*

to yawn ziewać *zhevach*

year rok (m) *rok*

» leap year rok przestępny (m) *rok pshestempni*

yellow żółty/a/e *zhoowti/a/e*

yes tak *tak*

yesterday wczoraj *fchoray*

yet: not yet jeszcze nie *yeshche nie*

yoghurt jogurt (m) *yogoort*

you *(formal s/pl)* pan/pani/państwo *pan/panee/panstfo (informal s)* ty *ti (informal pl)* wy *vi*

young młody/a/e *mwodi/a/e*

your *(informal s)* twój/twoja/twoje/twoi *tfooy/tfoya/tfoye/tfoyee; (informal pl)* wasz/wasza/wasze/wasi *vash/a/e vashi*

**your(s)** *(formal s m/f)* pana/pani **pana/ panee** *(formal pl)* państwa **panstfa**
**youth** młodość **(f)** *mwodoshch*
**youth hostel** schronisko młodzieżowe (n) *shroneesko mwodjezhove*

## Z

**zip** zamek błyskawiczny **(m)** *zamek bwiskaveechni*
**zoo** zoo **(n)** *zo-o*

# Polish – English dictionary

## A

a *a* and
aby *abi* in order to, so that
adidasy *adeedasi* trainers
adoptowany/a/e *adoptovani/a/e* adopted
adres (domowy) (m) *adres (domovi)* address
adwokat (m) *advokat* lawyer
afisz (m) *afeesh* poster
agencja nieruchomości (f) *agentsia nieroohomoshee* estate agents
agrafka (f) *agrafka* safety pin
AIDS (m) *e-eedz* AIDS
akceptować *aktseptovach* to accept
aktor/aktorka (m/f) *aktor/aktorka* actor/actress
aktówka (f) *aktoofka* briefcase
aktualny/a/e *aktoo-alni/a/e* up to date
akumulator (m) *akoomoolator* battery
alarm (m) *alarm* alarm
albo *albo* or
ale *ale* but
aleja (f) *aleya* alley
alergia (f) *alergia* allergy
alergik/alergiczka (m/f) *alergeek/ alergeechka* allergic
alkohol (m) *alkohol* alcohol
alkoholik/alkoholiczka (m/f) *alkoholeek/ alkoholeechka* alcoholic
alpinista/alpinistka (m/f) *alpeeneesta/ alpeeneestka* mountain climber
ambasada (f) *ambasada* embassy
ambasador (m) *ambasador* ambassador
ambicja (f) *ambeetsia* ambition
ambitny/a/e *ambeetni/a/e* ambitious
Ameryka *amerika* America
Amerykanin/Amerykanka (m/f) *amerikaneen/amerikanka* American (person)

amerykański/a/e *amerikanskee/a/e* American (adj.)
angielski/a/e *angielskee/a/e* English (adj.)
ananas (m) *ananas* pineapple
Anglia *anglia* England
Anglik/Angielka (m/f) *angleek/angielka* English (person)
ankieta (f) *ankieta* questionnaire
antena (f) *antena* aerial
antybiotyk (m) *antibiotik* antibiotic
antyczny/a/e *antichni/a/e* antique
antyk (m) *antik* antique
antykoncepcyjny/a/e *antikontseptsiyni/ a/e* contraceptive
antyseptyk (m) *antiseptik* antiseptic
anulować *anoolovach* to cancel
aparat fotograficzny (m) *aparat fotografeechni* camera
aparat słuchowy (m) *aparat swoohovi* hearing aid
apartament (m) *apartament* apartment
aperitif (m) *apereeteef* aperitif
apetyt (m) *apetit* appetite
apteczka pierwszej pomocy (f) *aptechka piershey pomotsi* first aid kit
apteka (f) *apteka* chemist's
arbuz (m) *arboos* watermelon
archeologia (f) *arhe-ologia* archaeology
architekt (m) *arheetekt* architect
artretyzm (m) *artretizm* arthritis
artysta/artystka (m/f) *artista/artistka* artist
aspiryna (f) *aspeerina* aspirin
astma (f) *astma* asthma
asystent/asystentka (m/f) *asistent/ asistentka* assistant
atak (m) *atak* attack
atakować *atakovach* to attack
atleta *atleta* athlete
atletyczny/a/e *atletichni/a/e* athletic

atmosfera (f) *atmosfera* atmosphere

atrakcyjny/a/e *atraktsiyni/a/e* attractive

atrament (m) *atrament* ink

aukcja (f) *awktsia* auction

autobus (m) *awtoboos* bus

autokar (m) *awtokar* coach

automat (m) *awtomat* slot machine

automatyczny/a/e *awtomatichni/a/e* automatic

autor/autorka (m/f) *awtor/awtorka* author

autostop (m) *awtostop* hitchhiking

autostrada (f) *awtostrada* motorway

awaria (f) *avaria* breakdown

## B

babcia *bapcha* grandmother

bać *bach* she to be afraid

badanie *badanie* examination *(medical)*

bagaż podręczny *bagash (podrenchni)* (hand) luggage

bagażnik *bagazhneek* car boot

bak *bak* petrol tank

balet *balet* ballet

balkon *balkon* balcony

Bałtyk *bawtik* Baltic

banan *banan* banana

bandaż *bandash* bandage

bank *bank* bank

banknot *banknot* banknote

bankomat *bankomat* cash machine

bar *bar* bar

bar szybkiej obsługi (m) *bar shipkiey opswoogee* snack bar

bardzo *bardzo* very

bardzo mi miło (poznać) *bardzo mee meewo (poznach)* nice to meet you

barman/barmanka (m/f) *barman/ barmanka* barman/barmaid

basen (m) *basen* swimming pool

bateria (f) *bateria* battery

bawełna (f) *bavewna* cotton

bejsbolówka (f) *beysboloofka* baseball cap

benzyna (bezołowiowa) (f) *benzina (bezowoviova)* (unleaded) petrol

bez *bez* without

bezalkoholowy/a/e *bezalkoholovi/a/e* non-alcoholic

bezdomny/a/e *bezdomni/a/e* homeless

beznadziejny/a/e *beznadjeyni/a/e* hopeless

bezpieczeństwo (n) *bespiechenstfo* security, safety

bezpiecznik (m) *bespiechneek* fuse

bezpłatny/a/e *bespwatni/a/e/* free of charge

bezrobotny/a/e *bezrobotni/a/e* unemployed

bezsenność (f) *bessennoshch* insomnia

bezsolny/a/e *bessolni/a/e* salt free *(adj.)*

beżowy/a/e *bezhovi/a/e* beige *(adj.)*

biały/a/e *biawi/a/e* white

biblioteka (f) *beeblioteka* library

bić się *beech* she to fight

biedny/a/e *biedni/a/e* poor

bieg (m) *biek* gear

biegać *biegach* to run

biegunka (f) *biegoonka* diarrhoea

bielizna (f) *bieleezna* underwear

bigos (m) *beegos* traditional hunter's meal

bilet: w jedną stronę, *beelet: v yednow strone*, ticket: single

›› powrotny *povrotni* return

›› normalny *normalni* standard

›› ulgowy *oolgovi* reduced fare

biodro (n) *biodro* hip

biurko (n) *bioorko* desk

biuro (n) *biooro* office

biuro podróży (n) *biooro podroozhi* travel agent's

biuro rzeczy znalezionych (n) *biooro zhechi znalezionih* lost property office

biżuteria (f) *beezhooteria* jewellery

bliski/a/e *bleeskee/a/e* near

bliźnięta *bleezhnienta* twins

blondyn/blondynka (m/f) *blondin/ blondinka* blond(e)

bluzka (f) *blooska* blouse

błąd (m) *bwont* error

błoto (n) *bwoto* mud

błyskawica (f) *bwiskaveetsa* lightening

Bóg (m) *book* God

bogaty/a/e *bogati/a/e* rich

ból (m) *bool* pain

» ból gardła (m) *bool gardwa* sore throat

» ból głowy (m) *bool gwovi* headache

» ból ucha (m) *bool ooha* earache

» ból zęba (m) *bool zemba* toothache

boleć *bolech* to hurt, to ache

bomba (f) *bomba* bomb

Boże Narodzenie (n) *bozhe narodzenie* Christmas

brać *brach* to take

brakować: brakuje czegoś *brakovach: brakooye chegosh* to be short of something

brama (f) *brama* gate

bransoletka (f) *bransoletka* bracelet

brat (m) *brat* brother

brązowy/a/e *bronzovi/a/e* brown

broda (f) *broda* beard

broszka (f) *broshka* brooch

broszura (f) *broshoora* leaflet

brudny/a/e *broodni/a/e* dirty

brylant (m) *brilant* diamond

Brytyjczyk/Brytyjka *britiychik/britiyka* Brit *(person)*

brytyjski/a/e *britiyskee/a/e* British *(adj.)*

brzeg (m) *bzhek* shore

brzoskwinia (f) *bzhoskfeenia* peach

budka telefoniczna (f) *bootka telefoneechna* phone box

budynek (m) *boodinek* building

budzenie telefoniczne (n) *boodzenie telefoneechne* wake-up call

budzić się *boodjeech she* to wake up

budzik (m) *boodjeek* alarm clock

bufet (m) *boofet* buffet

bułka (f) *boowka* bread roll

bursztyn (m) *boorshtin* amber

burza (f) *boozha* storm

butelka (f) *bootelka* bottle

buty (m/pl) *booti* shoes

być *bich* to be

być może *bich mozhe* perhaps

być w kontakcie *bich f kontakche* to be in touch

byk (m) *bik* bull

## C

całować *tsawovach* to kiss

camping (m) *kampeenk* campsite

cążki do paznokci *tsonshkee do paznokchee* nail clippers

CD *see dee* CD

cebula (f) *tseboola* onion

cecha (f) *tseha* feature

cegła (f) *tsegwa* brick

celnik (m) *tselneek* customs officer

cel podróży (m) *tsel podroozhi* destination

cena (f) *tsena* price

cenny/a/e *tsenni/a/e* valuable

centrala (f) *tsentrala* telephone operator

centralne ogrzewanie (n) *tsentralne ogzhevanie* central heating

centrum (n) *tsentroom* centre

» miasta *miasta* city centre

» handlowe *handlove* shopping centre

centymetr (m) *tsentimetr* centimetre

Cepelia (f) *tsepelia* shop with folk crafts

Cerkiew (f) *tserkief* Russian orthodox church

chcieć *hchech* to want

» chciałabym *hchawabim* I'd like to *(woman speaking)*

» chciałbym *hchawbim* I'd like to *(men speaking)*

chętnie *hentnie* with pleasure

chipsy *chipsi* crisps

chłodnica (f) *hwodneetsa* radiator

chłodny/a/e *hwodni/a/e* cool

chłopiec (m) *hwopiets* boy, boyfriend
chmura (f) *hmoora* cloud
chociaż *hochash* although
chodnik (m) *hodneek* pavement
chodzić *hodjeech* to go
chorągiew (f) *horongief* flag
choroba (f) *horoba* illness
choroba lokomocyjna/morska (f) *horoba lokomotsiyna/morska* seasickness
chory/a/e *hori/a/e* ill
chować *hovach* to put away, to hide
chronić *hroneech* to protect
chudy/a/e *hoodi/a/e* skinny
chusteczka higieniczna (f) *hoostechka heegieneechna* tissue
chustka (f) *hoostka* headscarf
chwila: za chwilę (f) *hfeela: za hfeele* moment: in a moment
chyba *hiba* probably
chyba nie *hiba nie* I don't think so
chyba tak *hiba tak* I think so
ciało (n) *chawo* body
ciasny/a/e *chasni/a/e* tight
ciąć *chonch* to cut
ciągnąć *chongnonch* to pull
ciąża (f) *chonzha* pregnancy
  » być w ciąży *bich f chonzhi* to be pregnant
cichy/a/e *cheehi/a/e* quiet
ciemny/a/e *chemni/a/e* dark
cienki/a/e *chenkee/a/e* thin
cień (m) *chen* shade, shadow
cień do powiek (m) *chen do poviek* eye shadow
ciepły/a/e *chepwi/a/e* warm
ciężar (m) *chenzhar* burden
ciężarówka (f) *chenzharoofka* lorry
ciotka, ciocia (f) *chotka, chocha* aunt
cisza (f) *cheesha* silence
ciśnienie krwi (n) *cheeshnienie krfee* blood pressure
cło (n) *tswo* customs duty
cmentarz (m) *tsmentash* cemetery
co...? *tso* what...?

codziennie *tsodjennie* every day
codzienny/a/e *tsodjenni/a/e* daily
coś *tsosh* something
córka (f) *tsoorka* daughter
cudzoziemiec/cudzoziemka (m/f) *tsoodzozhemiets/tsoodzozhemka* foreigner
cukierek (m) *tsookierek* sweet *(candy)*
cukiernia (f) *tsookiernia* sweet shop
cygaro (n) *tsigaro* cigar
czajniczek (m) *chayneechek* teapot
czajnik (m) *chayneek* kettle
czapka (f) *chapka* cap, hat
czarny/a/e *charni/a/e* black
czas (m) *chas* time
czasami *chasamee* sometimes
czek (m) *chek* cheque
czekać *chekach* to wait
czekolada (f) *chekolada* chocolate
często *chensto* often
człowiek (m) *chwoviek* person
czoło (n) *chowo* forehead
czuć się: jak się pan/pani czuje? *chooch she: yak she pan/panee chooye* to feel: how do you feel?
  » źle się czuję *zhle she chooye* I feel bad
czwartek (m) *chfartek* Thursday
czy: czy jest/czy są *chi: chi yest/chi sow* is there/are there?
czy mogę/czy możemy *chi moge/chi mozhemi* can I/can we?
czyj/a/e *chiy/a/e* whose
czynsz (m) *chinsh* rent
czysty/a/e *chisti/a/e* clean
czytać *chitach* to read
ćwiczenie (n) *chfeechenie* exercise
ćwierć (f) *chfierch* a quarter

# D

dach (m) *dah* roof
dać *dach* to give
dać pierwszeństwo *dach piershenstfo* to give way
daleko *daleko* far

damski/a/e *damskee/a/e* Ladies

danie (n) *danie* dish

data (f) *data* date

data urodzenia (f) *data oorodzenia* date of birth

dawać *davach* to give

dawniej *davniey* in the past

decydować *detsidovach* to decide

decyzja (f) *detsizia* decision

deklaracja celna (f) *deklaratsia tselna* customs declaration

delikatesy *deleekatesi* delicatessen

delikatny/a/e *deleekatni/a/e* delicate

dentysta/denstystka (m/f) *dentista/dentistka* dentist

deszcz: pada deszcz (m) *deshch: pada deshch* rain: it's raining

dewizy (pl) *deveezi* foreign currency

dezodorant (m) *dezodorant* deodorant

diabetyk (m) *diabetik* diabetic

dieta (f) *dieta* diet

dla *dla* for

dla panów/dla pań *dla panoof/dla pan* men's/women's

dlaczego…? *dlachego* why…?

długi/a/e *dwoogee/a/e* long

długopis (m) *dwoogopees* ballpoint pen

długość (f) *dwoogoshch* length

dno (n) *dno* bottom

do *do* to

dobranoc *dobranots* good night

dobry/a/e *dobri/a/e* good

dobry wieczór *dobry viechoor* good evening

dobrze *dobzhe* fine, OK

dobrze wysmażony *dobzhe vismazhoni* well done (steak)

dodatek (m) *dodatek* supplement

dogodny/a/e *dogodni/a/e* convenient

do góry *do goori* up, upwards

» do góry nogami *do goori nogamee* upside down

» na górze *na goozhe* upstairs, on top

dojrzały/a/e *doyzhawi/a/e* mature

dolina (f) *doleena* valley

dom (m) *dom* house, home

dom towarowy (m) *dom tovarovi* department store

dopłata (f) *dopwata* additional charge

dorosły/a/e *doroswi/a/e* adult

doskonały/a/e *doskonawi/a/e* excellent

dostać *dostach* to get

dostarczyć *dostarchich* to deliver

dostawa (f) *dostava* delivery

dosyć *dosich* enough

doświadczenie (n) *doshfiatchenie* experience

doświadczony/a/e *doshfiatchoni/a/e* experienced

dotykać *dotikach* to touch

do widzenia *do veedzenia* good bye

dowód osobisty (m) *dovoot osobeesti* identity card

do zobaczenia *do zobachenia* see you

dozwolony/a/e *dozvoloni/a/e* allowed

dół: na dole (m) *doow: na dole* down there, downstairs

drabina (f) *drabeena* ladder

drewniany/a/e *drevniani/a/e* wooden

drewno (n) *drevno* wood (material)

drobne *drobne* small change

droga (f) *droga* road

drogeria (f) *drogeria* shop with toiletries

drogi/a/e *drogee/a/e* expensive, dear

druk (m) *drook* print

drukarka (f) *drookarka* printer

drut (m) *droot* wire

drużyna (f) *droozhina* team

drzewo (n) *dzhevoo* tree

dużo *doozho* a lot of

duży/a/e *doozhi/a/e* big

DVD (m) *dee vee dee* DVD

dwa razy *dva razi* twice

dwie, dwoje *dvie, dvoye* two

dworzec (m) *dvozhets* station

» autobusowy *awtoboosovi* bus station

» kolejowy *koleyovi* train station

dym (m) *dim* smoke

dyrektor/dyrektorka (m/f) *direktor/ direktorka* director

dyrygent (m) *dirigent* conductor (orchestra)

dywan (m) *divan* carpet

dywanik (m) *divaneek* rug

dzbanek (m) *dzbanek* jug

dziać się: co tu się dzieje? *djach she: tso she too djeye* what is happening?

dział (m) *djaw* section

działać *djawach* to act

dziecko (n) *djetsko* child

dzielić się *djeleech she* to share

dzielnica (f) *djelneetsa* district

dziennik (m) *djenneek* news, diary

dzień (m) *djen* day

dzień dobry *djen dobri* good morning

dziewczyna (f) *djefchina* girl

dziękować *djenkovach* to thank

dziki/a/e *djeekee/a/e* wild

dzisiaj, dziś *djeeshay,djeesh* today

dziura (f) *djoora* hole

dzwonek (m) *dzvonek* bell, doorbell

dzwonić *dzvoneech* to ring

dżinsy *djeensi* jeans

**E**

ekran (m) *ekran* screen

ekspres (pociąg) (m) *expres (pochonk)* express (train)

ekspresowy/a/e *expresovi/a/e* express (service)

ekstra *extra* additional

elektryczny/a/e *elekrichni/a/e* electric

emeryt/emerytka (m/f) *emerit/emeritka* pensioner

emerytura (f) *emeritoora* pension

Estonia *estonia* Estonia

Europa *e-ooropa* Europe

europejski/a/e *e-ooropeyskee/a/e* European (adj.)

etykieta (f) *etikieta* label

**F**

fabryka (f) *fabrika* factory

fabularny/a/e *faboolarni/a/e* feature (film)

facet (m) *fatset* bloke

fajka (f) *fayka* pipe

faks (m) *fax* fax

faksować *faxovach* to fax

fala (f) *fala* wave

fałszywy/a/e *fawshivi/a/e* false

fantastyczny/a/e *fantastichni/a/e* fantastic

farba (f) *farba* dye

fatalny/a/e *fatalni/a/e* dreadful

festiwal (m) *festeeval* festival

film (m) *feelm* film

fioletowy/a/e *fioletovi/a/e* violet (colour)

flet (m) *flet* flute

folia aluminiowa (f) *folia alumeeniova* aluminium foil

folklor (m) *folklor* folklore

fontanna (f) *fontanna* fountain

formularz (m) *formoolash* form

fotel (m) *fotel* arm chair

fotograf (m) *fotograf* photographer

fotografia (f) *fotografia* photograph

fotografować *fotografovach* to photograph

fotokopia *fotokopia* photocopy

Francja (f) *frantsia* France

francuski/a/e *frantsooskee/a/e* French

frytki (f) *fritkee* chips

fryzjer/fryzjerka (m/f) *frizier/frizierka* hairdresser

fryzjer męski/damski (m) *frizier menskee/ damskee* hairdresser's (men's/ women's)

funt szterling (m) *foont shterleenk* pound sterling

furgonetka (f) *foorgonetka* van

**G**

gabinet (lekarski) (m) *gabeenet (lekarskee)* doctor's surgery galanteria skórzana (f) *galanteria skoozhana* leather goods

galeria sztuki (f) *galeria shtookee* art gallery

garaż (m) *garash* garage

garnek (m) *garnek* saucepan

garnitur (m) *garneetoor* suit

gasić *gasheech* to extinguish

gaśnica (f) (przeciwpożarowa) *gashneetsa (pshecheefpozharova)* fire extinguisher

gaz w butli (m) *gaz v bootlee* camping gas

gazeta (f) *gazeta* newspaper

gdy/kiedy…? *gdi/kiedi* when…?

gdzie indziej *gdje eendjey* somewhere else

gdzieś *gdjesh* somewhere

genialny/a/e *genialni/a/e* brilliant

gęś (f) *gensh* goose

gitara (f) *geetara* guitar

gładki/a/e *gwatkee/a/e* smooth

głęboki/a/e *gwembokee/a/e* deep

głodny/a/e *gwodni/a/e* hungry

głos (m) *gwos* voice

głosować *gwosovach* to vote

głowa (f) *gwova* head

główny/a/e *gwoovni/a/e* main

głuchy/a/e *gwoohi/a/e* deaf

głupi/a/e *gwoopee/a/e* stupid

gniazdko (n) *gniastko* socket

gniazdo (n) *gniazdo* nest

godzina (f) *godjeena* hour

godzina szczytu (f) *godjeena shchitoo* rush hour

godziny urzędowania *godjeeni oozhendovania* office hours

golić się *goleech she* to shave

gorący/a/e *gorontsi/a/e* hot

gorzki/a/e *goshkee/a/e* bitter

gospodarstwo (n) *gospodarstfo* farm

gościnny/a/e *goshcheenni/a/e* hospitable

gość (m) *goshch* guest

gotować *gotovach* to cook

gotowy/a/e *gotovi/a/e* ready

gotówka (f) *gotoofka* cash

góra (f) *goora* mountain

gra (f) *gra* game

grać *grach* to play

grać na pianinie *grach na pianeenie* to play the piano

grać w piłkę nożną *grach f peewke nozhnow* to play football

gramatyka (f) *gramatika* grammar

granica (f) *graneetsa* border, abroad

» za granicą *za graneetsow* abroad

gratulacje (f) *gratoolatsie* congratulations

grosz (m) *grosh* smallest Polish coin

grób (m) *groop* grave

gruby/a/e *groobi/a/e* thick, fat

grudzień (m) *groodjen* December

grupa (f) *groopa* group

grupa krwi (f) *groopa krfee* blood group

grypa (f) *gripa* flu

gryźć *grischch* to bite

grzebień (m) *gzhebien* comb

grzejnik (m) *gzheyneek* heater

grzmot (m) *gzhmot* thunder

guma (f) *gooma* gum

guma do żucia (f) *gooma do zhoocha* chewing gum

gumka (f) *goomka* elastic band

guz (m) *goos* tumour

guzik (m) *goozheek* button

gwałt (m) *gvawt* rape

gwiazda (filmowa) (f) *gviazda (filmova)* (film) star

gwóźdź (m) *gvooshch* nail

# H

hałas (m) *hawas* noise

hałaśliwy/a/e *hawashleevi/a/e* noisy

hamować *hamovach* to brake

hamulec bezpieczeństwa (m) *hamoolets bespiechenstfa* emergency brake

hamulec ręczny (m) *hamoolets renchni* hand brake

historia (f) *heestoria* history

historyczny/a/e *heestorichni/a/e* historical

Hiszpan/Hiszpanka *heeshpan/heeshpanka* Spanish *(person)*

Hiszpania (f) *heeshpania* Spain

hiszpański/a/e *heeshpanskee/a/e* Spanish *(adj.)*

hokej *hokey* hockey

homoseksualista (m) *homosexualeesta* gay *(man)*

homoseksualny/a/e *homosexualni/a/e* homosexual

hotel (m) *hotel* hotel

humor (m) *hoomor* humour

hydraulik (m) *hidraooleek* plumber

**I**

i *ee* and

ich *eeh* their/theirs

idiota/idiotka (m/f) *eediota/eediotka* idiot

igła (f) *eegwa* needle

ile *eele* how much/how many

ilość (f) *eeloshch* quantity

im *eem* them

imieniny (pl) *eemieneeni* nameday

imię *eemie* first name

imponujący/a/e *eemponooyontsi/a/e* impressive

informacja (f) *eenformatsia* information

informacja turystyczna (f) *eenformatsia tooristichna* tourist information

inny/a/e *eenni/a/e* different

instrument (muzyczny) (m) *eenstroomet (moozichni)* (musical) instrument

inteligentny/a/e *eenteleegentni/a/e* intelligent

interesować się *eenteresovach* she to be interested

inwalida/inwalidka (m/f) *eenvaleeda/eenvaleetka* invalid *(person)*

Irlandczyk/Irlandka (m/f) *eerlantchik/eerlantka* Irish *(person)*

Irlandia *eerlandia* Ireland

irlandzki/a/e *eerlantskee/a/e* Irish *(adj.)*

irytujący/a/e *eeritooyontsi/a/e* irritating

iść *eeshch* to walk

iść piechotą *eeshch piehotow* on foot

iść na spacer *eeshch na spatser* to go for a walk

**J**

ja *ya* I

ja też *ya tesh* me too

ja też nie *ya tesh nie* me neither

jadalnia (f) *yadalnia* dining room

jajko (n) *yayko* egg

jak *yak* how

jak się pan/pani nazywa? *yak she pan/panee naziva* what's your name?

jaki/a/e *yakee/a/e* what … like?

jakość (f) *yakoshch* quality

jarosz (m) *yarosh* vegetarian

jarzyna (f) *yazhina* vegetable

jaskinia (f) *yaskeenia* cave

jasnowłosy/a/e *yasnovwosi/a/e* fair-haired

jasny/a/e *yasni/a/e* light, fair

jazda konna (f) *yazda konna* horse riding

jazda na łyżwach (f) *yazda na wizhvah* skating

jazda na nartach (f) *yazda na nartah* skiing

jazda na rowerze (f) *yazda na rovezhe* cycling

jechać *yehach* to go *(by transport)*

jedwab (m) *yedvap* silk

jedzenie (n) *yedzenie* food

jego *yego* his

jej *yey* her, hers

jesień (f) *yeshen* autumn

jest: jest ciepło *yest: yest chepwo* is: it's warm

jeszcze *yeshche* still

» jeszcze coś? *yeshche tsosh* anything else?

» jeszcze nie *yeshche nie* not yet

›› jeszcze raz *yeshche ras* once again

jeść *yeshch* to eat

jeśli, jeżeli *yeshlee, yezhelee* if

jezdnia (f) *yezdnia* road

jezioro (n) *yezhoro* lake

jeździć konno *yezhdjeech konno* to ride a horse

jeździć na łyżwach *yezhjeech na wizhvah* to skate

jeździć na nartach *yezhdjeech na nartah* to ski

język (m) *yenzik* tongue, language

jubiler (m) *yoobeeler* jeweller

jutro *yootro* tomorrow

jutro rano *yootro rano* tomorrow morning

jutro wieczorem *yootro viechorem* tomorrow evening

już *yoosh* already

już nie *yoosh nie* not any more

już podaję *yoosh podaye* straight away

## K

kabel (m) *kabel* cable

kabina (f) *kabeena* cabin

kac (m) *kats* hangover

kaczka (f) *kachka* duck

kajak (m) *kayak* kayak

kajuta (f) *kayoota* cabin

kalendarz (m) *kalendash* calendar

kalkulator (m) *kalkoolator* calculator

kaloryfer (m) *kalorifer* radiator

kalosze (m/pl) *kaloshe* wellies

kamień (m) *kamien* stone

kamizelka ratunkowa (f) *kameezelka ratoonkova* life jacket

Kanada (f) *kanada* Canada

Kanadyjczyk/Kanadyjka *kandiychik/kanadiyka* Canadian (person)

kanadyjski/a/e *kanadiyskee/a/e* Canadian (adj.)

kanał (m) *kanaw* canal

kanapa (f) *kanapa* sofa

kanapka (f) *kanapka* sandwich

kanister na benzynę (m) *kaneester na benzine* petrol can

kantor (m) *kantor* bureau de change

kapela (f) *kapela* folk band

kapelusz (m) *kapeloosh* hat

kaplica (f) *kapleetsa* chapel

karetka pogotowia (f) *karetka pogotovia* ambulance

karmić *karmeech* to feed

karta (f) *karta* card, menu

karta kredytowa (f) *karta kreditova* credit card

karta magnetyczna (f) *karta magnetichna* phone card

karta pocztowa (f) *karta pochtova* postcard

karta wstępu (f) *karta fstempoo* admission pass

karton (m) *karton* carton

kasa (f) *kasa* cash desk

kasa biletowa (f) *kasa beeletova* ticket office

kaseta (f) *kaseta* cassette

kask (m) *kask* helmet

kaszel (m) *kashel* cough

kaszleć *kashlech* to cough

katar (m) *katar* runny nose

katar sienny (m) *katar shenni* hayfever

katastrofa (f) *katastrofa* catastrophe

katedra (f) *katedra* cathedral

katolik/katoliczka (m/f) *katoleek/katoleechka* Catholic

katolicki/a/e *katoleetskee/a/e* catholic

kawaler (m) *kavaler* bachelor

kawalerka (f) *kavalerka* bed-sit

kawiarnia (f) *kaviarnia* café

każdy/a/e *kazhdi/a/e* everyone, each

kąpiel (f) *kompiel* bath

kąpiel wzbroniona (f) *kompiel vzbroniona* no swimming

kelner/kelnerka (m/f) *kelner/kelnerka* waiter/waitress

kichać *keechach* to sneeze

kiedy *kiedi* when

kiedykolwiek *kiedikolviek* whenever

kiedyś *kiedish* in the past *(once)*, in the future *(some day)*

kieliszek (m) *kieleeshek* glass *(drink)*

kiermasz (m) *kiermash* bazaar, fete

kierowca (f) *kieroftsa* driver

kierownica (f) *kierovneetsa* steering wheel

kierownik/kierowniczka (m/f) *kierovneek/kierovneechka* manager

kierunek (m) *kieroonek* direction

kierunkowskaz (m) *kieroonkofskas* indicator

kieszeń (f) *kieshen* pocket

kije do golfa (m) *keeye do golfa* golf clubs

kijek do nart (m) *keeyek do nart* ski pole

kilka *keelka* several

kilkadziesiąt *keelkadjeshont* between 20 and 100

kilkanaście *keelkanashche* between 11 and 19

kilometr (m) *keelometr* kilometre

kino (n) *keeno* cinema

klakson (m) *klaxon* horn

klamerka (f) *klamerka* peg

klasa (f) *klasa* class

klasa turystyczna (f) *klasa tooristichna* tourist class

klej (m) *kley* glue

kleszcz (m) *kleshch* tick *(insect)*

kliknąć *kleeknonch* to click

klimat (m) *kleemat* climate

klimatyzacja (f) *kleematizatsia* air conditioning

klinika (f) *kleeneeka* clinic

klub (nocny) (m) *klup (notsni)* (night) club

klucz (m) *klooch* key

klucz maszynowy (m) *klooch mashinovi* wrench

kluczyki (m) *kloochikee* car keys

kłaść *kwashch* to put down

kłopot (m) *kwopot* problem

kłódka (f) *kwootka* padlock

kobieta (f) *kobieta* woman

koc (m) *kots* blanket

kochać *kohach* to love

kompas (m) *kompas* compass

komplet (m) *komplet* a set

komputer (m) *kompooter* computer

komunistyczny/a/e *komooneestichni/a/e* communist

komunizm (m) *komooneezm* communism

koncert (m) *kontsert* concert

konduktor/konduktorka (m/f) *kondooktor/kondooktorka* ticket inspector

konfekcja (damska/męska) *konfektsia (damska/menska)* clothes *(for women/men)*

koniec (m) *koniets* end

konieczny/a/e *koniechni/a/e* necessary

konkurs (m) *konkoors* competition

konsulat (m) *konsoolat* consulate

kontrola paszportowa (f) *kontrola pashportova* passport control

koń (m) *kon* horse

kończyć *konchich* to end

» w końcu *f kontsoo* in the end, finally

koperta (f) *koperta* envelope

korek (m) *korek* plug, cork, traffic jam

korkociąg (m) *korkochonk* corkscrew

koronka (f) *koronka* lace

kort (tenisowy) (m) *kort (teneesovi)* *(tennis)* court

korytarz (m) *koritash* hall, corridor

kosmetyki (m) *kosmetikee* cosmetics

kostium (m) *kostioom* costume

kostium kąpielowy (m) *kostioom kompielovi* swimming costume

kostka (f) *kostka* ankle

koszmar (m) *koshmar* nightmare

kosztować *koshtovach* to cost

» ile to kosztuje? *eele to koshtooye* how much does it cost?

koszula (f) *koshoola* shirt

koszyk (m) *koshik* basket

kościół (m) *koshchoow* church

kość (f) *koshch* bone

kot (m) *kot* cat

kotwica (f) *kotfeetsa* anchor

koza (f) *koza* goat

kradzież (f) *kradjesh* theft

kraj (m) *kray* country

krajobraz (m) *krayobras* landscape, scenery

kran (m) *kran* tap

kraść *krashch* to steal

krawat (m) *kravat* tie

kredka do ust (f) *kretka do oost* lip liner

krem do golenia (m) *krem do golenia* shaving cream

krem do rąk *krem do ronk* hand cream

krem do twarzy (m) *krem do tfazhi* face cream

krem nawilżający *krem naveelzhayontsi* moisturizing cream

kremowy/a/e *kremovi/a/e* cream *(colour)*

krew (f) *kref* blood

krewny/a/e *krevni/a/e* relative *(family)*

kręcone włosy *krentsone vwosi* curly hair

kropla (f) *kropla* drop

krople do oczu (f/pl) *krople do ochoo* eye drops

krowa (f) *krova* cow

królik (m) *krooleek* rabbit

krótkowzroczny/a/e *krootkovzrochni/a/e* short sighted

krótki/a/e *krootkee/a/e* short

krwawić *krfaveech* to bleed

kryty basen (m) *kriti basen* indoor swimming pool

krzesło (n) *ksheswo* chair

krzyczeć *kshichech* to shout

krzyż (m) *kshish* cross

ksiądz (m) *kshonts* priest

książę (m) *kshonzhe* prince

książka (f) *kshonshka* book

księgarnia (f) *kshengarnia* bookshop

księżyc (m) *kshenzhits* moon

kto *kto* who

który/a/e *ktoori/a/e* which one

ktoś *ktosh* someone

kubek (m) *koobek* mug

kubeł (m) *koobew* bucket

kuchenka (f) *koohenka* cooker

kuchenka mikrofalowa (f) *koohenka meekrofalova* microwave oven

kuchnia (f) *koohnia* kitchen

kufel (m) *koofel* beer mug

kupić *koopeech* to buy

kurczak (m) *koorchak* chicken

kurs wymiany (m) *koors vimiani* exchange rate

kurtka (f) *koortka* coat

kurz (m) *koosh* dust

kuszetka (f) *kooshetka* couchette

kuzyn/kuzynka (m/f) *koozin/koozinka* cousin

kwaśny/a/e *kfashni/a/e* sour

kwatera prywatna (f) *kfatera privatna* private accommodation

kwiaciarnia (f) *kfiacharnia* flower shop

kwiat (m) *kfiat* flower

kwit (m) *kfeet* receipt, bill

L

lakier do paznokci (m) *lakier do paznokchee* nail varnish

lakier do włosów (m) *lakier do vwosoof* hair spray

lalka (f) *lalka* doll

lampa (f) *lampa* lamp

laryngolog (m) *laringolok* ear, nose and throat doctor

las (m) *las* wood, forest

latać *latach* to fly

latarka (f) *latarka* torch

lato (n) *lato* summer

» latem *latem* in the summer

lawina (f) *laveena* avalanche

lądować *londovach* to land

lejek (m) *leyek* funnel

lekarstwo (n) *lekarstfo* medicine

lekarz/lekarka (m/f) *lekash/lekarka* doctor

lekcja (f) *lektsia* lesson

lekki/a/e *lekkee/a/e* light

lekkoatletyka (f) *lekkoatletika* athletics

leniwy/a/e *leneevi/a/e* lazy

lepiej *lepiey* better

lewy/a/e *levi/a/e* left

» po lewej stronie/na lewo *po levey stronie/na levo* on the left

lesbijka (f) *lezbeeyka* lesbian

leżak (m) *lezhak* deckchair

licznik (m) *leechneek* meter *(in taxi)*

lina (f) *leena* rope

linia kolejowa (f) *leenia koleyova* railway line

linia lotnicza (f) *leenia lotneecha* airline

lipiec (m) *leepiets* July

list (polecony) (m) *leest (poletsoni)* letter *(registered)*

lista (f) *leesta* list

listopad (m) *leestopat* November

liść (m) *leeshch* leaf

lodówka (f) *lodoofka* fridge

lody (pl) *lodi* ice cream

lot (m) *lot* flight

» czarterowy *charterovi* charter

» krajowy *krayovi* domestic

» międzynarodowy *miendzinarodovi* international

» opóźniony *opoozhnioni* delayed

lubić *loobeech* to like

ludność (f) *loodnoshch* population

ludzie *loodje* people

lustro (m) *loostro* mirror

**Ł**

ładny/a/e *wadni/a/e* pretty

łagodny/a/e *wagodni/a/e* gentle

łamać *wamach* to break

łańcuch (m) *wantsooh* chain

łapać *wapach* to catch

łapówka (f) *wapoofka* bribe

łatwy/a/e *watfi/a/e* easy

łazienka (f) *wazhenka* bathroom

łokieć (m) *wokiech* elbow

łopatka (f) *wopatka* spade

łosoś (m) *wososh* salmon

łowić ryby *woveech ribi* to fish

łódka (f) *wootka* small boat

łódź (f) *wooch* boat

łóżeczko (n) *woozhechko* cot

łóżko (n) *wooshko* bed

» piętrowe *pientrove* bunk bed

» polowe *polove* campbed

łysy/a/e *wisi/a/e* bald

łyżeczka (f) *wizhechka* teaspoon

łyżka (f) *wishka* spoon

łyżwy (f) *wizhvi* skates

**M**

magnetofon kasetowy (m) *magnetofon kasetovi* cassette player

magnetowid (m) *magnetoveet* video recorder

majtki *maytkee* pants *(for women)*

makaron (m) *makaron* pasta

makijaż (m) *makeeyash* make up

mały/a/e *mawi/a/e* small

mało *mawo* little

mapa (f) *mapa* map

» samochodowa *samohodova* road map

» turystyczna *turistichna* tourist map

marka (f) *marka* brand

martwić się *martfeech she* to worry

marzenie (n) *mazhenie* dream

maska (f) *maska* bonnet *(car)*

maska do nurkowania (f) *maska do noorkovania* snorkel

maska tlenowa (f) *maska tlenova* oxygen mask

maszynka do golenia (f) *mashinka do golenia* razor

maść (f) *mashch* ointment

mata (f) *mata* mat

materac (dmuchany) (m) *materats (dmoohani)* (blow up) mattress

materiał (m) *materiaw* material

matka (f) *matka* mother

mądry/a/e *mondri/a/e* clever

mąż (m) *monsh* husband

mdłości (pl) *mdwoshchee* nausea

meble (pl) *meble* furniture

mechanik (m) *mehaneek* mechanic

mecz (m) *metch* match

meduza (f) *medooza* jellyfish

metro (n) *metro* underground

mewa (f) *meva* seagull

męski *menskee* Gents

mężatka (f) *menzhatka* married woman

mężczyzna (m) *menshchizna* man

mgła (f) *mgwa* fog

miasto (n) *miasto* town, city

mieć *miech* to have

mieć mdłości *miech mdwoshchee* to
    feel sick

mieć nadzieję *miech nadjeye* to hope

mieć rację *miech ratsie* to be right

» nie ma pan/pani racji *nie ma pan/
    panee ratsee* you're wrong

miejsce (n) *mieystse* place

miejscowość (f) *mieystsovoshch* small
    town

miejscówka (f) *mieystsoofka* reserved
    seat on train

miesiąc (m) *mieshonts* month

miesiączka (f) *mieshonchka*
    menstruation

mieszkać *mieshkach* to live

mieszkanie (n) *mieshkanie* flat

między *miendzi* between

międzynarodowy/a/e *miendzinarodovi/a/
    e* international

miękki/a/e *mienkee/a/e* soft

mięsień (m) *mienshen* muscle

migrena (f) *meegrena* migraine

miło mi pana/panią poznać *meewo
    mee pana/paniow poznach* nice to
    meet you

miłość (f) *meewoshch* love

miły/a/e *meewi/a/e* nice

mimo że *meemo zhe* in spite of

minuta (f) *meenoota* minute

miska (f) *meeska* bowl

mleczko kosmetyczne (n) *mlechko
    kosmetichne* cleanser

młody/a/e *mwodi/a/e* young

mniej więcej *mniey vientsey* more or less

moda (f) *moda* fashion

modlitwa (f) *modleetfa* prayer

modny/a/e *modni/a/e* fashionable

moja/e/i *moya/moye/moee* my, mine

mokry/a/e *mokri/a/e* wet

moneta (f) *moneta* coin

morze (n) *mozhe* sea

most (m) *most* bridge

mostek (m) *mostek* bridge *(dental)*

motocykl (m) *mototsikl* motorbike

motorówka (f) *motoroofka* motorboat

może *mozhe* perhaps

możliwy/a/e *mozhleevi/a/e* possible

móc *moots* to be able to

» mogłabym *mogwabim* I could
    *(woman)*

» mógłbym *mookbim* I could *(man)*

» moglibyśmy *mogleebishmi* we could
    *(men)*

» mogłybyśmy *mogwibishmi* we could
    *(women )*

mój *mooy* mine, my

mówić *mooveech* to speak

mrożonka (f) *mrozhonka* frozen food

mrówka (f) *mroofka* ant

mróz (m) *mroos* frost

msza (f) *msha* mass

mucha (f) *mooha* fly

mur (m) *moor* wall *(outdoor)*

musieć *mooshech* to have to

muzyka (f) *moozika* music

» klasyczna *klasichna* classical

» ludowa *loodova* folk

» pop *pop* pop

» rockowa *rokova* rock

my *mi* we

myć (się) *mich (she)* to wash *(oneself)*

mydło (n) *midwo* soap

myjnia samochodów (f) *miynia
    samohodoof* car wash

mysz (f) *mish* mouse
myśleć *mishlech* to think

# N

na *na* on, at, by
na dole *na dole* downstairs
» nad morzem *nat mozhem* by the seaside
» nad rzeką *nat zhekow* by the river
» na dworze *na dvozhe* outside
» na górze *na goozhe* upstairs
» na wynos *na vinos* take away
» na zdrowie! *na zdrovie* cheers/bless you
» na zewnątrz *na zevnontsh* outside
nabożeństwo (n) *nabozhenstfo* mass
nad *nat* over, above
nadać *nadach* to send
nadawca (m) *nadaftsa* sender
nadbrzeże (n) *nadbzhezhe* quay
nadgarstek (m) *nadgarstek* wrist
nadwaga bagażu (f) *nadvaga bagazhoo* excess baggage
nadzieja (f) *nadjeya* hope
nagi/a/e *nagee/a/e* naked
namiot (m) *namiot* tent
napad (m) *napat* attack
napełnić *napewneech* to fill up
napiwek (m) *napeevek* tip
napompować *napompovach* to pump up
napój (m) *napooy* drink
naprawa (f) *naprava* repairs
naprawdę *napravde* really
naprawiać *napraviach* to repair
naprzeciwko *napshecheefko* opposite
narciarstwo (n) *narcharstfo* skiing
narciarstwo wodne (n) *narcharstfo vodne* waterskiing
nareszcie *nareshche* at last
narodowość (f) *narodovoshch* nationality
narty (f) *narti* skis
narty wodne (f) *narti vodne* water skis
nauczyć się *naoochich she* to learn
nauka (f) *naooka* studies

nawet *navet* even
nazwa (f) *nazva* name
nazwisko (n) *nazveesko* surname
nazywać się *nazivach she* to be called
na żądanie *na zhondanie* request stop
negatyw (m) *negatif* negative
nerki (f) *nerkee* kidneys
nerwowy/a/e *nervovi/a/e* nervous
nic *neets* nothing
nici (f) *neechee* cotton thread
nie *nie* no
» nie ma *nie ma* not there
niebezpieczeństwo (n) *niebespiechenstfo* danger
niebezpieczny/a/e *niebespiechni/a/e* dangerous
niebieski/a/e *niebieskee/a/e* blue
nieczynny/a/e *niechinni/a/e* out of order
niedaleko *niedaleko* not far
Niemcy (pl) *niemtsi* Germany
Niemiec/Niemka *niemiets/niemka* German (person)
niemiecki/a/e *niemietskee/a/e* German (adj.)
niemowlę (n) *niemovle* baby
niemożliwy/a/e *niemozhleevi/a/e* impossible
nieograniczony/a/e *nieograneechoni/a/e* unlimited
nieporozumienie (n) *nieporozoomienie* misunderstanding
nieprawda (f) *niepravda* not true
nieprzyjemny/a/e *niepshiyemni/a/e* unpleasant
niespodzianka (f) *niespodjanka* surprise
niestety *niesteti* unfortunately
niestrawność (f) *niestravnoshch* indigestion
nieść *nieshch* to carry
nieśmiały/a/e *nieshmiawi/a/e* shy
nieświeży/a/e *nieshfiezhi/a/e* not fresh
nieważny/a/e *nievazhni/a/e* unimportant
niewidomy/a/e *nieveedomi/a/e* blind
nie wolno *nie volno* not allowed

niezamężna *niezamenzhna* unmarried woman

nieżonaty *niezhonati* unmarried man

nigdy *neegdi* never

nikt *neekt* no-one

niski/a/e *neeskee/a/e* short

niskooktanowa *neesko-oktanova* low octane *(petrol)*

noc (f) *nots* night

nocleg (m) *notslek* overnight stay

nocny klub (m) *notsni kloop* night club

noga (f) *noga* leg

normalny/a/e *normalni/a/e* normal

nos (m) *nos* nose

nosić *nosheech* to carry

nosze *noshe* stretchers

notatnik (m) *notatneek* notebook

Nowa Zelandia *nova zelandia* New Zealand

nowoczesny/a/e *novochesni/a/e* modern

nowy/a/e *novi/a/e* new

Nowy Rok (m) *novi rok* New Year

nożyczki *nozhichkee* scissors

nóż (m) *noosh* knife

nudny/a/e *noodni/a/e* boring

numer (m) *noomer* number

numer kierunkowy (m) *noomer kieroonkovi* dialling code

numer rejestracyjny (m) *noomer reyestratsiyni* registration number

nurkować *noorkovach* to dive

nurkowanie (n) *noorkovanie* diving

## O

o *o* about

oba, obie, oboje *oba, obie, oboye* both

obcokrajowiec (m) *optsokrayoviets* foreigner

obiad (m) *obiat* dinner

obiektyw (m) *obiektif* lens

objazd (m) *obiast* detour

objąć *obionch* to embrace

obniżka (f) *obneeshka* reduction *(price)*

obok *obok* next to

obowiązywać: obowiązuje cisza *obovionzivach: obovionzooye cheesha* quiet: please be quiet

obóz (m) *oboos* camp

» koncentracyjny (m) *kontsentratsiyni* concentration camp

obrabować *obrabovach* to rob

obraz (m) *obras* painting

obrażać *obrazhach* to offend

obrus (m) *obroos* tablecloth

obsługa (f) *opswooga* service

obudzić *oboodjeech* to wake up

obuwie *oboovie* shoes

obywatel/obywatelka (m/f) *obivatel* citizen

oczy (n) *ochi* eyes

oczywiście *ochiveeshche* of course

odbiór bagażu (m) *odbioor bagazhoo* baggage claim

od … do *od …do* from …to

oddział (m) *oddjaw* department

odjazd (m) *odiast* departure *(train, bus)*

odkurzacz (m) *otkoozhach* vacuum cleaner

odległość (f) *odlegwoshch* distance

odlot (m) *odlot* departure *(plane)*

odpoczynek (m) *otpochinek* rest, relaxation

odpoczywać *otpochivach* to rest

odpowiedź (f) *odpoviech* answer

odprawa (f) *otprava* check-in

odprawa bagażu (f) *otprava bagazhoo* baggage check-in

odra (f) *odra* measles

odwołany/a/e *odvowani/a/e* cancelled

odzież (męska/damska) (f) *odjesh (menska/damska)* clothes *(men's/ women's)*

ograniczenie prędkości (n) *ograneechenie prentkoshchee* speed limit

ogród (m) *ogroot* garden

ogrzewanie (n) *ogzhevanie* heating

ojciec (m) *oychets* father

okazja (f) *okazia* bargain

okrągły/a/e *okrongwi/a/e* round
okropny/a/e *okropni/a/e* awful
okulary *okoolari* spectacles
okulista (m) *okooleesta* optician
olej napędowy (m) *oley napendovi*
    diesel fuel
ołowiowa (benzyna) (f) *owoviova*
    *(benzina)* leaded *(petrol)*
on, ona, one, oni *on, ona, one, onee* he,
    she, they (f), they (m)
opalać się *opalash* she to sunbathe
opalony/a/e *opaloni/a/e* suntanned
oparzenie (n) *opazhenie* burn
operacja (f) *operatsia* operation
opiekun/opiekunka (m/f) *opiekoon/*
    *opiekoonka* carer
opłata (f) *opwata* payment
opłata za wstęp (f) *opwata za fstemp*
    admission charge
opona (f) *opona* tyre
opóźnienie (n) *opoozhnienie* delay
opryszczka (f) *oprishchka* cold sore
optyk (m) *optik* optician
opuścić *opooshcheech* to leave
orkiestra (f) *orkiestra* orchestra
osa (f) *osa* wasp
osiedle (n) *oshedle* housing estate
osioł (m) *oshow* donkey
osoba (f) *osoba* person
osobno *osobno* separately
osobowy (pociąg) (m) *osobovi (pochonk)*
    slow *(train)*
ostatnie wezwanie (n) *ostostatnie*
    *vezvanie* last call
ostrożnie! *ostrozhnie* careful!
ostrzeżenie (n) *ostshezhenie* warning
Oświęcim *oshfiencheem* Auschwitz
otwarty/a/e *otfarti/a/e* open
otwieracz do puszek (m) *otfierach do*
    *pooshek* can opener
otworzyć *otfozhich* to open
owad (m) *owat* insect
owoce (m) *ovotse* fruit

**P**

pachnący/a/e *pahnontsi/a/e* nice
    smelling
paczka (f) *pachka* parcel, packet
padać *padach* to fall
»  pada deszcz *pada deshch* it's raining
»  pada śnieg *pada shniek* it's snowing
pająk (m) *payonk* spider
pakować *pakovach* to pack
palec (m) *palets* finger
palenie (n) *palenie* smoking
palenie wzbronione (n) *palenie*
    *vzbronione* smoking forbidden
pali się! *palee she* fire!
palić *paleech* to burn, to smoke
paliwo (n) *paleevo* fuel
palto (n) *palto* winter coat
pamiętać *pamientach* to remember
pan/pani (m/f) *pan/panee* Mr/Mrs
panika (f) *paneeka* panic
panorama (f) *panorama* panorama
pantofle (m) *pantofle* slippers
państwo (n) *panstfo* state, country
papier (m) *papier* paper
»  papier listowy *papier leestovi* writing
    paper
»  papier toaletowy *papier toaletovi*
    toilet paper
papieros *papieros* cigarette
papież *papiesh* pope
para (f) *para* steam
para *para* couple
parafia (f) *parafia* parish
parasol *parasol* umbrella *(big)*
parasolka *parasolka* umbrella *(small)*
park *park* park
parking *parkeenk* car park
parkometr *parkometr* parking meter
parter *parter* ground floor
pas bezpieczeństwa *pas bespiechenstfa*
    seat belt
pasażer/pasażerka *pasazher/pasazherka*
    passenger
pasek *pasek* belt

pasować: to do mnie pasije *pasovach: to do mnie pasooye* to suit: it suits me

pasta do butów (f) *pasta do bootoof* shoe polish

pasta do zębów (f) *pasta do zemboof* toothpaste

paszport (m) *pashport* passport

patelnia (f) *patelnia* frying pan

patrzeć *patshech* to look at

paznokcie (m) *paznokche* nails

pchać *phach* to push

pełny/a/e *pewni/a/e* full

pensjonat (m) *pensionat* guest house

peron (m) *peron* platform

pianino (n) *pianeeno* piano

piasek (m) *piasek* sand

pić *peech* to drink

piec *piets* stove, oven

pieczywo (n/s) *piechivo* baked goods

piekarnia (f) *piekarnia* bakery

pielęgniarz/pielęgniarka (m/f) *pielengniash/pielengniarka* nurse

pieluszki (f) *pielooshkee* nappies

pieniądze (m/pl) *pieniondze* money

pierś (f) *piersh* breast

pierwsza klasa (f) *piersha klasa* first class

pierwsza pomoc (f) *piersha pomots* first aid

pierwszeństwo przejazdu (n) *piershenstfo psheyazdoo* right of way

pies *pies* dog

piesi (m) *pieshee* pedestrians

pieszo *piesho* on foot

piętro (n) *pientro* floor, storey

pigułka (f) *peegoowka* pill

pigułka antykoncepcyjna (f) *peegoowka antikontseptsiyna* contraceptive pill

pijany/a/e *peeyani/a/e* drunk

pikantny/a/e *peekantni/a/e* savoury

pilnik do paznokci (m) *peelneek do paznokchee* nail file

piłka (f) *peewka* ball

piłka nożna (f) *peewka nozhna* football

pisać *peesach* to write

piwo (n) *peevo* beer

plac (m) *plats* square

plac zabaw (m) *plats zabaf* playing field

plakat (m) *plakat* poster

plama (f) *plama* stain

plaster (m) *plaster* plaster

plaża (f) *plazha* beach

plecak (m) *pletsak* rucksack

plomba (f) *plomba* filling *(dental)*

płacić *pwacheech* to pay

płacić gotówką *pwacheech gotoofkow* to pay cash

płakać *pwakach* to cry

płaski/a/e *pwaskee/a/e* flat

płatny/a/e *pwatni/a/e* payable, charge

płot (m) *pwot* fence

płuca (n) *pwootsa* lungs

płukać *pwookach* to rinse

płyn do zmywania naczyń (m) *pwin do zmivania nachin* washing up liquid

płyn przeciw owadom (m) *pwin pshecheef ovadom* insect repellent

płyta CD *pwita see dee* CD

płytki/a/e *pwitkee/a/e* shallow

pływać *pwivach* to swim

pływalnia (f) *pwivalnia* swimming pool

po *po* after

pobyt (m) *pobit* stay

pocałunek (m) *potsawoonek* kiss

pochmurny/a/e *pohmoorni/a/e* cloudy

pociąg (m) *pochonk* train

» ekspresowy *expresovi* express

» osobowy *osobovi* slow

» pospieszny *pospieshni* fast

początek *pochontek* beginning

początkujący/a/e *pochontkooyontsi/a/e* beginner

poczekalnia (f) *pochekalnia* waiting room

poczta (f) *pochta* post office

» lądowa (f) *londova* surface mail

» lotnicza (f) *lotneecha* airmail

pocztówka (f) *pochtoofka* postcard

pod *pot* under

pod spodem *pot spodem* underneath

podczas *potchas* during

podeszwa *podeshfa* sole

podłoga (f) *podwoga* floor

podobać się: to mi się podoba *podobach she: to mee she podoba* to like: I like it

podobny/a/e *podobni/a/e* similar

podpaska (f) *potpaska* sanitary towel

podpis (m) *potpees* signature

podręcznik (m) *podrencheek* textbook

podróż (f) *podroosh* journey

podróżować *podroozhovach* to travel

podwójny/a/e *podvooyni/a/e* double

pogoda (f) *pogoda* weather

pogotowie ratunkowe (n) *pogotovie ratoonkove* ambulance

pogotowie techniczne (n) *pogotovie tehneechne* breakdown service

pogrzeb (m) *pogzhep* funeral

pojemnik na śmieci (m) *poyemneek na shmiechee* dustbin

pojutrze *poyootshe* day after tomorrow

pokazać *pokazach* to show

pokład (m) *pokwat* deck

pokoje do wynajęcia (m) *pokoye do vinayencha* rooms to let

pokój (m) *pokooy* room

pokwitowanie (n) *pokfeetovanie* receipt

Polak/Polka (m/f) *polak/polka* Pole (person)

polecony/a/e *poletsoni/a/e* registered (mail)

pole golfowe (n) *pole golfove* golf course

policja (f) *poleetsia* police

policjant/policjantka (m/f) *poleetsiant/ poleetsiantka* policeman/ policewoman

Polska (f) *polska* Poland

polski/a/e *polskee/a/e* Polish (adj.)

południe (n) *powoodnie* south

południowy/a/e *powoodniovi/a/e* southern

pomagać *pomagach* to help

pomarańczowy/a/e *pomaranchovi/a/e* orange (colour)

pomnik (m) *pomneek* monument, statue

pompa (f) *pompa* pump

pompować *pompovach* to pump

pomyłka (f) *pomiwka* mistake

popielniczka (f) *popielneechka* ashtray

po południu *po powoodnioo* in the afternoon

porada (f) *porada* advice

pora roku (f) *pora rokoo* season of the year

porcelana (f) *portselana* porcelain

port (m) *port* port

portmonetka (f) *portmonetka* purse

portret (m) *portret* portrait

porządek (m) *pozhondek* order

postój taksówek (m) *postooy taxoovek* taxi rank

potem *potem* afterwards

potrzebny/a/e *potshebni/a/e* needed

potwierdzić *potfierdjeech* to confirm

powierzchnia (f) *povieshnia* surface

powietrze (n) *povietshe* air

powodzenia! *povodzenia* good luck!

powoli *povolee* slowly

powód (m) *povoot* reason

powódź (f) *povooch* flood

powrotny/a/e *povrotni/a/e* return

poziom (m) *pozhom* level

pożar (m) *pozhar* fire

pół *poow* half

półka (f) *poowka* shelf

północ (f) *poownots* midnight

północny/a/e *poownotsni/a/e* northern

później *poozhniey* later

praca (f) *pratsa* work

pracować *pratsovach* to work

prać *prach* to wash

prać ręcznie *prach renchnie* hand wash

pralka (f) *pralka* washing machine

pralnia (f) *pralnia* laundry

pralnia chemiczna (sucha) (f) *pralnia hemeechna (sooha)* dry cleaner's

pranie (n) *pranie* washing

prasa (f) *prasa* newspapers

prasować *prasovach* to iron

prawda (f) *pravda* truth

prawdopodobnie *pravdopodobnie* probably

prawdziwy/a/e *pravdjeevi/a/e* true, real

prawie *pravie* almost

prawnik/prawniczka (m/f) *pravneek/ pravneechka* lawyer

prawo (n) *pravo* law

prawo jazdy (n) *pravo yazdi* driving licence

prawy/a/e *pravi/a/e* right *(side)*

» po prawej stronie *po pravey stronie* on the right

prognoza pogody (f) *prognoza pogodi* weather forecast

prosić *prosheech* to ask

prosty/a/e *prosti/a/e* straight

proszek do prania (m) *proshek do prania* washing powder

proszę *proshe* please

proteza zębowa (f) *proteza zembova* dentures

prowadzić samochód *provadjeech samohoot* to drive

próbować *proobovach* to try

przechowalnia bagażu (f) *pshehovalnia bagazhoo* left luggage office

przeciw(ko) *pshecheef(ko)* against

przed *pshet* in front of, before

przedłużacz (m) *pshedwoozhach* extension lead

przednia szyba (f) *pshednia shiba* windscreen

przedstawienie (n) *pshetstavienie* performance

przedszkole (n) *pshetshkole* kindergarten

przedział (m) *pshedjaw* compartment *(train)*

przejazd kolejowy (m) *psheyast koleyovi* level crossing

przejście (n) *psheyshche* crossing

przejście podziemne (n) *psheyshche podzhemne* underground passage

przekaz pieniężny (m) *pshekas pienienzhni* money order

przemysł (m) *pshemisw* industry

przenocować *pshenotsovach* to stay for the night

przepis (m) *pshepees* recipe

przepisy (m) *pshepeesi* rules

przepraszać *psheprashach* to apologize

przerwa (f) *psherva* interval, break

przesiadka (f) *psheshatka* change *(train)*

przeszłość (f) *psheshwoshch* past

prześcieradło (n) *psheshcheradwo* sheet

przetłumaczyć *pshetwoomachich* to translate

przewodnik (m) *pshevodneek* guide book

przewodnik/przewodniczka (m/f) *pshevodneek/pshevodneechka* guide *(person)*

przez *pshes* across

przeziębienie (n) *pshezhembienie* cold *(illness)*

przeziębiony: jestem przeziębiony/ a/e *pshezhembioni: yestem pshezhembioni/a/e* cold: I've got a cold

przychodnia lekarska (f) *pshihodnia lekarska* outpatient's surgery

przyczyna (f) *pshichina* reason

przygotować *pshigotovach* to prepare

przyjaciel/przyjaciółka (m/f) *pshiyachel/pshiyachoowka* friend

przyjazd (m) *pshiyast* arrival

przyjąć *pshiyonch* to accept

przyjechać *pshiyehach* to arrive

przyjemność (f) *pshiyemnoshch* pleasure

» z przyjemnością *s pshiyemnoshchow* with pleasure

przyjęcie (n) *pshiyenche* reception

przyjść/przyjechać *pshiyshch/pshiyehach* to arrive *(foot/transport)*

przykład: na przykład *na pshikwat* for example

przylot (m) *pshilot* arrival *(plane)*

przymierzać *pshimiezhach* to try on

przymierzalnia (f) *pshimiezhalnia* fitting room

przypadek (m) *pshipadek* coincidence

przypalić *pshipaleech* to burn

przypalony/a/e *pshipaloni/a/e* burnt (food)

przystanek (m) *pshistanek* stop

» autobusowy/tramwajowy *aootoboosovi/tramvayovi* bus/tram

przyszłość (f) *pshishwoshch* future

przyszły/a/e *pshishwi/a/e* future (adj.)

pszczoła (f) *pshchowa* bee

ptak (m) *ptak* bird

publiczność (f) *poobhleechnoshch* audience

pudełko (n) *poodewko* box

pudełko zapałek (n) *poodewko zapawek* match box

pusty/a/e *poosti/a/e* empty

puszka (f) *pooshka* tin

pytanie (n) *pitanie* question

## R

rachunek (m) *rahoonek* bill

rajstopy *raystopi* tights

rak (m) *rak* cancer

rana (f) *rana* wound

ranny/a/e *ranni/a/e* injured

rano *rano* morning

ratować *ratovach* to save

ratownik (m) *ratovneek* life guard

ratunku! *ratoonkoo* help!

ratusz (m) *ratoosh* town hall

raz (m) *ras* once

razem *razem* together

recepcja (f) *retseptsia* reception

recepta (f) *retsepta* prescription

reflektory (m) *reflektori* headlights

regulamin (m) *regoolameen* rules

rejon (m) *reyon* region

rejs (m) *reys* cruise

remont (m) *remont* renovation

rencista/rencistka (m/f) *rencheesta/ rencheestka* pensioner

restauracja (f) *restaooratsia* restaurant

reszta (f) *reshta* change (money)

rezerwacja (f) *rezervatsia* reservation

rezerwować *rezervovach* to reserve, to book

ręce (f) *rentse* hands

ręcznik (m) *renchneek* towel

ręka (f) *renka* hand

rękaw (m) *renkaf* sleeve

rękawiczki (f) *renkaveechkee* gloves

roboty drogowe (f) *roboti drogove* road works

rocznica (f) *rochneetsa* anniversary

rodzina (f) *rodjeena* family

rok (m) *rok* year

rolnik (m) *rolneek* farmer

rondo (n) *rondo* roundabout

Rosja (f) *rosia* Russia

Rosjanin/Rosjanka *rosianeen/rosianka* Russian (person)

rosyjski/a/e *rosiyskee/a/e* Russian (adj.)

roślina (f) *roshleena* plant

rower (m) *rover* bicycle

rowerzysta (m) *rovezhista* cyclist

rozbić namiot *rozbeech namiot* to put up a tent

rozkład jazdy (m) *roskwat yazdi* timetable

rozmawiać *rozmaviach* to talk

rozmiar (m) *rozmiar* size

rozmówki (f) *rozmoofkee* phrase book

rozstrój żołądka (m) *rostrony zhowontka* upset stomach

rozumieć *rozoomiech* to understand

rozwiedziony/a/e *rozviedjoni/a/e* divorced

rozwolnienie (n) *rozvolnienie* diarrhoea

rozwód (m) *rozvoot* divorce

róg (m) *rook* corner

ruch drogowy (m) *rooh drogovi* traffic

ruiny (f) *roo-eeni* ruins

ryba (f) *riba* fish

rynek (m) *rinek* market

rząd (m) *zhont* government

rzecz (f) *zhech* thing

rzeka (f) *zheka* river
rzeźba (f) *zhezhba* sculpture

## S

sala (f) *sala* hall, room
sala koncertowa (f) *sala kontsertova* concert hall
salon fryzjerski (m) *salon frizierskee* hairdressing salon
samochód (m) *samohoot* car
samolot (m) *samolot* plane
sandałki (m) *sandawkee* sandals
sąsiad/sąsiadka (m/f) *somshat/ somshatka* neighbour
schody *shodi* stairs
schować *shovach* to hide
schowek *shovek* locker
schronisko młodzieżowe *shroneesko mwodjezhove* youth hostel
scyzoryk *stsizorik* penknife
Sejm *seym* parliament
sekretarka *sekretarka* secretary
sekretarka automatyczna *sekretarka aootomatichna* answer machine
sekunda *sekoonda* second (time)
semestr *semestr* term
sen *sen* dream, sleep
serce *sertse* heart
serwetka *servetka* serviette
siadać *shadach* to sit down
siedzenie (n) *shedzenie* seat
siekiera (f) *shekiera* axe
się *she* oneself
silnik (m) *sheelneek* engine
silny/a/e *sheelni/a/e* strong
siodełko (n) *shodewko* saddle (bike)
siodło (n) *shodwo* saddle (horse)
siostra (f) *shostra* sister
siwy/a/e *sheevi/a/e* grey
skakać *skakach* to jump
skala (f) *skala* scale
skała (f) *skawa* rock
skarpetki (f) *skarpetkee* socks
sklep (m) *sklep* shop

składnik (m) *skwadneek* ingredient
skrzynka pocztowa (f) *skshinka pochtova* post box
skrzypce *skshiptse* violin
skrzyżowanie (n) *skshizhovanie* crossing
skurcz (m) *skoorch* cramp
slipy *sleepi* underpants
słaby/a/e *swabi/a/e* weak
sławny/a/e *swavni/a/e* famous
słodki/a/e *swotkee/a/e* sweet
słodycze *swodiche* sweets
słoik (m) *swo-eek* jar
słoneczny/a/e *swonechni/a/e* sunny
słony/a/e *swoni/a/e* salty
słownik (m) *swovneek* dictionary
słowo (n) *swovo* word
słuchać *swoohach* to listen
słuchawki (f) *swoohafkee* headphones
smaczny/a/e *smachni/a/e* tasty
smoczek (m) *smochek* dummy
smutny/a/e *smootni/a/e* sad
spacerować *spatserovach* to go walking
spać *spach* to sleep
specjalna oferta (f) *spetsialna oferta* special offer
spodnie *spodnie* trousers
sportowy/a/e *sportovi/a/e* sport (adj.)
sporty wodne (m) *sporti vodne* water sports
spożywczy (sklep) *spozhivchi (sklep)* grocery shop
spódnica (f) *spoodneetsa* skirt
spóźniać się *spoozhniach she* to be late
sprawdzać *spravdzach* to check
sprzątaczka (f) *spshontachka* cleaner
sprzedawać *spshedavach* to sell
sprzęt (m) *spshent* equipment
spuchnięty/a/e *spoohnienti/a/e* swollen
srebro (n) *srebro* silver
stacja benzynowa (f) *statsia benzinova* petrol station
stacja obsługi (f) *statsia opswoogee* service station
stać się *stach she* to become

stadion (m) *stadion* stadium

stal (f) *stal* steel

Stany Zjednoczone *stani ziednochone* United States

stary/a/e *stary/a/e* old

statek (m) *statek* ship

stolik (m) *stoleek* table *(restaurant)*

stopień (m) *stopien* step

stół (m) *stoow* table

strach (m) *strah* fear

stracić *stracheech* to lose

straszny/a/e *strashni/a/* terrible

stromy/a/e *stromi/a/e* steep

strona (f) *strona* side, page

strumień (m) *stroomien* stream

strzyżenie (n) *stshizhenie* hair cut

suchy/a/e *soohi/a/e* dry

sufit (m) *soofeet* ceiling

sukces (m) *sooktses* success

sukienka (f) *sookienka* dress

suma (f) *sooma* in total

suszarka do włosów (f) *soosharka do vwosoof* hair dryer

suszyć *sooshich* to dry

sweter (m) *sfeter* jumper

swędzić *sfendjeech* to itch

Sylwester (m) *silvester* New Year's Eve

syn (m) *sin* son

synagoga (f) *sinagoga* synagogue

sypialnia (f) *sipialnia* bedroom

szafa (f) *shafa* wardrobe

szalik (m) *shaleek* scarf

szampon (m) *shampon* shampoo

szary/a/e *shari/a/e* grey

szatnia (f) *shatnia* cloak room

szczęście *shchenshche* luck

szczęśliwy/a/e *shchenshleevi/a/e* happy

szczoteczka do zębów (f) *shchotechka do zemboof* toothbrush

szczotka do włosów (f) *shchotka do vwosoof* hair brush

szczur (m) *shchoor* rat

szef (m) *shef* boss

szeroki/a/e *sherokee/a/e* wide

szklanka (f) *shklanka* glass

szkła kontaktowe (n) *shkwa kontaktove* contact lenses

szkło (n) *shkwo* glass

Szkocja (f) *shkotsia* Scotland

szkocki/a/e *shkotskee/a/e* Scottish *(adj.)*

szkoda (f) *shkoda* damage, pity

» jaka szkoda! *yaka shkoda* what a pity!

szkoła (f) *shkowa* school

Szkot/Szkotka *shkot/shkotka* Scot *(person)*

szlak (m) *shlak* route

szok (m) *shok* shock

szpital (m) *shpeetal* hospital

sztuka (f) *shtooka* play

szuflada (f) *shooflada* drawer

szybki/a/e *shipkee/a/e* fast

szyć *shich* to sew

ściana (f) *shchana* wall

ścierka (f) *shcherka* cloth, tea towel

ścieżka (f) *shcheshka* path

śliczny/a/e *shleechni/a/e* pretty

ślimak (m) *shleemak* snail

ślub (m) *shloop* wedding

śmieci (m) *shmiechee* rubbish

śmierć (f) *shmierch* death

śmieszny/a/e *shmieshni/a/e* funny

śniadanie (n) *shniadanie* breakfast

śnieg (m) *sniek* snow

śpiący/a/e *shpiontsi/a/e* sleepy

śpiewać *shpievach* to sing

śpiwór (m) *shpeevoor* sleeping bag

środek (m) *shrodek* medication

środek przeciw owadom *shvodek pshecheef ovadom* insect repellent

środowisko (n) *shrodoveesko* environment

śrubokręt (m) *shroobokrent* screwdriver

świadek (m) *shfiadek* witness

świat (m) *shfiat* world

światło (n) *shfiatwo* light

świetnie! *shfietnie* great!

święto (n) *shfiento* public holiday

świeży/a/e *shfiezhi/a/e* fresh

świnka (f) *shfeenka* mumps
świt (m) *shfeet* dawn

## T

ten, ta, to (m/f/n) *ta, ten, to* this one
tabletka (f) *tabletka* tablet
tabliczka czekolady (f) *tableechka chekoladi* bar of chocolate
taca (f) *tatsa* tray
tak *tak* yes
taksówka (f) *taxoofka* taxi
talerz (m) *talesh* plate
tam *tam* there
tamten, tamta, tamto (m/f/n) *tamten, tamta, tamto* that one
tani/a/e *tanee/a/e* cheap
taniec (m) *taniets* dance
targ (m) *tark* market
taryfa (f) *tarifa* tariff
teatr (m) *te-atr* theatre
teczka (f) *techka* briefcase
telefon (m) *telefon* telephone
telefon komórkowy/ komórka (m/f) *telefon komoorkovi (komoorka)* mobile phone
telefonować *telefonovach* to phone
telewizja (f) *televeezia* television
telewizor (m) *televeezor* TV set
temu *temoo* ago
tenis (m) *tenees* tennis
tenis stołowy/ping-pong (m) *tenees stowovi/peenk ponk* table tennis
teraz *teras* now
teren prywatny (m) *teren privatni* private grounds
termofor (m) *termofor* hot water bottle
termos (m) *termos* flask
testament (m) *testament* will
tłumacz/tłumaczka (m/f) *twoomach/ twoomachka* translator
tłumacz ustny (m) *twoomach oostni* interpreter
tłumaczyć *twoomachich* to translate
tłusty/a/e *twoosti/a/e* fat, greasy

tłuszcz (m) *twooshch* fat
toaleta (f) *to-aleta* toilet
torba (f) *torba* bag
torebka (f) *torepka* handbag
tor wyścigowy (m) *tor vishchigovi* racing track
towarzystwo (n) *tovazhistfo* company
tradycja *traditsia* tradition
tradycyjny/a/e *traditsíyni/a/e* traditional
tramwaj (m) *tramvay* tram
trasa (f) *trasa* route
trawa (f) *trava* grass
trucizna (f) *troocheezna* poison
trudny/a/e *troodni/a/e* difficult
trujący/a/e *trooyontsi/a/e* poisonous
trwała (f) *trfawa* perm
trzeba *tsheba* it's necessary
trzymać *tshimach* to hold
turysta/turystka (m/f) *toorista/tooristka* tourist
tusz do rzęs (m) *toosh do zhens* mascara
tutaj, tu *tootay, too* here
twardy/a/e *tfardi/a/e* hard
twoi, twoje *tfo-ee, tfo-ye* your, yours (pl)
twój, twoja, twoje (m/f/n) *tfooy, tfoya, tfoye* your, yours (s)
ty *ti* you (s)
tydzień (m) *tidjen* week
tylko *tilko* only
tył (m) *tiw* back
tytoń (m) *titon* tobacco

## U

u *oo* at
ubezpieczenie (n) *oobespiechenie* insurance
ubezpieczony/a/e *oobespiechoni/a/e* insured
ubierać (się) *oobierach (she)* to dress (oneself)
ubikacja (f) *oobeekatsia* toilet
ubranie (n) *oobranie* clothes
uchwyt (m) *oohfit* handle
uczciwy/a/e *oochcheevi/a/e* honest

uczulenie (n) *oochoolenie* allergy

uczulony/a/e *oochooloni/a/e* allergic

uczyć *oochich* to teach

uczyć się *oochich she* to learn

udar słoneczny (m) *oodar swonechni* heat stroke

uderzyć *oodezhich* to hit

udo (n) *oodo* thigh

ukraść *ookrashch* to steal

ulica (f) *ooleetsa* street

ulubiony/a/e *ooloobioni/a/e* favourite

umrzeć *oomzhech* to die

umyć (się) *oomich* to wash *(oneself)*

umywalka (f) *oomivalka* wash basin

Unia Europejska (f) *oonia e-ooropeyska* European Union

uniwersytet (m) *ooneeversitet* university

upał (m) *oopaw* heat wave

upaść *oopashch* to fall

upominek (m) *oopomeenek* small gift

uprzejmy/a/e *oopsheymi/a/e* polite

uratować *ooratovach* to save

urlop (m) *oorlop* leave *(holiday)*

urodziny *oorodjeeni* birthday

urząd celny (m) *oozhont tselni* customs office

uśmiech (m) *ooshmieh* smile

uwaga! *oovaga* attention, please!

użądlić *oozhondleech* to sting

używać *oozhivach* to use

używany/a/e *oozhivani/a/e* second hand

## W

w *v* in

wadliwy/a/e *vadleevi/a/e* faulty

waga (f) *vaga* weight

wagon (m) *vagon* coach

wagon restauracyjny (m) *vagon resta-ooratsiyni* restaurant car

wagon sypialny (m) *vagon sipialni* sleeping car

Walia (f) *valia* Wales

Walijczyk/Walijka *valeeychik/valeeyka* Welsh *(person)*

walijski/a/e *valeeyskee/a/e* Welsh *(adj.)*

walizka (f) *valeeska* suitcase

waluta (f) *valoota* currency

wanna (f) *vanna* bathtub

warga (f) *varga* lip

warsztat samochodowy (m) *varshtat samohodovi* garage *(repairs)*

warzywa *vazhiva* vegetables

wata (f) *vata* cotton wool

wazon (m) *vazon* vase

ważny/a/e *vazhni/a/e* important

wąchać *vonhach* to smell

wąski/a/e *vonskee/a/e* narrow

wąż (m) *vonsh* snake

wchodzić *fhodjeech* to enter *(on foot)*

wczasy *fchasi* package holidays

wczesny/a/e *fchesni/a/e* early *(adj.)*

wcześnie *fcheshnie* early *(adv.)*

wczoraj *fchoray* yesterday

wdowa (f) *vdova* widow

wdowiec (m) *vdoviets* widower

wejście (n) *veyshche* entry *(on foot)*

wełna (f) *vewna* wool

wesele (n) *vesele* wedding

wesołe miasteczko (n) *vesowe miastechko* funfair

wesoły/a/e *vesowi/a/e* cheerful

wewnątrz *vevnonch* inside

Węgier/Węgierka (m/f) *vengier/vengierka* Hungarian *(person)*

węgierski/a/e *vengierskee/a/e* Hungarian *(adj.)*

Węgry *vengri* Hungary

wiadomości *viadomoshchee* news

wiadro (n) *viadro* bucket

wiara (f) *viara* faith

wiatr (m) *viatr* wind

wiązadło (n) *vionzadwo* binding *(ski)*

wideo (n) *video* video *(recorder)*

widok (m) *veedok* sight

widzieć *veedjech* to see

wieczór (m) *viechoor* evening

» wieczorem *viechorem* in the evening

wiedzieć *viedjech* to know

wiek (m) *viek* age, century

Wielka Brytania (f) *vielka britania* Great Britain

Wielkanoc (f) *vielkanots* Easter

wierzyć *viezhich* to believe

wieszak (m) *vieshak* coat hanger

wieś (f) *viesh* village

» na wsi *na fshee* in the countryside

wieża (f) *viezha* tower

więcej *vientsey* more

Wigilia (f) *veegeelia* Christmas Eve

wilgoć (f) *veelgoch* humidity, dampness

wilgotny/a/e *veelgotni/a/e* humid, damp

winda *veenda* lift

wiosna (f) *viosna* spring

witamina (f) *veetameena* vitamin

wiza (f) *veeza* visa

wizyta (f) *veezita* visit

wizytówka (f) *veezitoofka* business card

wkrótce *fkroottse* soon

wliczony/a/e *vleechoni/a/e* included (in the bill)

włamanie (n) *vwamanie* break in

właściciel/właścicielka (m/f) *vwashcheechel* owner

włączać *vwonchach* to switch on, to include

włosy (m) *vwosi* hair

wnuk/wnuczka (m/f) *vnook/vnoochka* grandson/granddaughter

woda (f) *voda* water

» niezdatna do picia *niezdatna do peecha* not drinking

» zdatna do picia *zdatna do peecha* drinking

wodospad (m) *vodospat* waterfall

wojna (f) *voyna* war

woleć *volech* to prefer

wolny/a/e *volni/a/e* free

» wolny pokój *volni pokooy* room free

» wolny od cła *volni ot tswa* duty free

wózek inwalidzki (m) *voozek eenvaleetskee* wheel chair

wracać *vratsach* to return

wschodni/a/e *fshodnee/a/e* eastern

wschód (m) *fshoot* east

wsiadać *fshadach* to get in

wspinaczka górska (f) *fspeenachka goorska* mountain climbing

współczesny *fspoowchesni/a/e* contemporary

wstawać *fstavach* to get up

wstęp (wolny) (m) *fstemp (volni)* admission (free)

wstrząs mózgu (m) *fstshons moozgoo* concussion

wszędzie *fshendje* everywhere

wszystko *fshistko* everything, all

wtyczka/gniazdko (m/f) *ftichka/gniastko* plug/socket

wujek (m) *vooyek* uncle

wy *vi* you (pl)

wybierać *vibierach* to choose

wybrzeże (n) *vibzhezhe* coast

wychodzić *vihodjeech* to leave (on foot)

wyciąg krzesełkowy (m) *vichonk kshesewkovi* chair lift

wyciąg (narciarski) (m) *vichonk (narcharskee)* ski lift

wycieczka z przewodnikiem (f) *vichechka s pshevodneekiem* guided tour

wygodny/a/e *vigodni/a/e* comfortable

wyjechać *viyehach* to leave (by transport)

wyjście (n) *viyshche* exit (on foot)

wyłączyć *viwonchich* to switch off

wymawiać: jak to się wymawia? *vimaviach: yak to she vimavia* to pronounce: how do you pronounce it?

wymiana (f) *vimiana* exchange

wymiotować *vimiotovach* to vomit

wynająć *vinayonch* to let

» pokoje do wynajęcia *pokoye do vinayencha* rooms to let

wynajęty/a/e *vinayenti/a/e* rented out

wynos: na wynos *vinos: na vinos* take away

wysiadać *vishadach* to get off

wysoki/a/e *visokee/a/e* tall, high

wysokie ciśnienie krwi *visokie cheeshnienie krfee* high blood pressure

wystawa (f) *vistava* exhibition

wystawa sklepowa (f) *vistava sklepova* shop window

wysyłać *visiwach* to send

wyśmienity/a/e *vishmieneeti/a/e* delicious

wyż (m) *vish* high pressure *(weather)*

wzbroniony/a/e *vzbronioni/a/e* forbidden

wzgórze (n) *vzgoozhe* hill

wziąć *vzhonch* to take

## Z

z *z* from, with

za *za* behind

zabierać *zabierach* to take

zabijać *zabeeyach* to kill

zachód (m) *zahoot* west

zachodni/a/e *zahodnee/a/e* western

zachód słońca (m) *zahoot swontsa* sunset

zagraniczny/a/e *zagraneechni/a/e* foreign

zajęty/a/e *zayenti/a/e* busy

zakaz parkowania (m) *zakas parkovania* no parking

zakaz wjazdu (m) *zakas viazdoo* no entry *(by transport)*

zakupy (m) *zakoopi* shopping

» iść na zakupy *eeshch na zakoopi* to go shopping

zakwaterowanie (n) *zakfaterovanie* accommodation

zamek (m) *zamek* castle

zamek błyskawiczny (m) *zamek bwiskaveechni* zip

zamknąć *zamknonch* to close

zamknięty/a/e *zamknienti/a/e* closed

zamrażarka (f) *zamrazharka* freezer

zapalenie oskrzeli (n) *zapalenie oskshelee* bronchitis

zapalenie płuc (n) *zapalenie pwoots* pneumonia

zapalniczka (f) *zapalneechka* lighter

zapałka (f) *zapawka* match

zaproszenie (n) *zaproshenie* invitation

zapukać *zapookach* to knock

zarezerwować *zarezervovach* to reserve, to book

zaręczony/a/e *zarenchoni/a/e* engaged *(to be married)*

zasłona (f) *zaswona* curtain

zastrzyk (m) *zastshik* injection

zatrucie pokarmowe (n) *zatrooche pokarmove* food poisoning

zatrzymać się *zatshimach she* to stop

zatwardzenie (n) *zatfardzenie* constipation

zawołać *zavovach* to call

zawrót głowy (m) *zavroot gwovi* dizziness

zawsze *zafshe* always

zażalenie (n) *zazhalenie* complaint

ząb (m) *zomp* tooth

zdejmować *zdeymovach* to take off

zdrowy/a/e *zdrovi/a/e* healthy

zebranie (n) *zebranie* meeting

zegar (m) *zegar* clock

zegarek (m) *zegarek* wrist watch

zemdleć *zemdlech* to faint

zepsuć się *zepsooch she* to break

zepsuty/a/e *zepsooti/a/e* broken, off *(food)*

zewnętrzny/a/e *zevnenchni/a/e* external

» na zewnątrz *na zevnonch* outside

zezwolenie (n) *zezvolenie* permission

zęby (m) *zembi* teeth

zgniły/a/e *zgneewi/a/e* rotten

zgoda (f) *zgoda* agreement

zgubić *zgoobeech* to lose

zielony/a/e *zheloni/a/e* green

zima (f) *zheema* winter

zimny/a/e *zheemni/a/e* cold

zlew (m) *zlef* sink

złamać *zwamach* to break

złamanie (n) *zwamanie* fracture

złodziej/złodziejka (m/f) *zwodjey/ zwodjeyka* thief

złoto (n) *zwoto* gold

złoty/a/e *zwoti/a/e* golden

złoty/złotówka (m/f) *zwoti/zwotoofka* zloty *(Polish currency)*

złożyć zażalenie *zwozhich zazhalenie* to complain

zły/a/e *zwi/a/e* bad

zmarły/a/e *zmarwi/a/e* dead

zmartwiony/a/e *zmartfioni/a/e* worried

zmęczony/a/e *zmenchoni/a/e* tired

zmieniać *zmieniach* to change

zmywać (naczynia) *zmivach (nachinia)* to wash up *(dishes)*

zmywarka (f) *zmivarka* dishwasher

znaczek pocztowy (m) *znachek pochtovi* stamp

znaczyć: co to znaczy? *znachich: tso to znachi* to mean: what does it mean?

znać *znach* to know

znajdować się *znaydovach she* to be

znaki drogowe (m) *znakee drogove* road signs

znaleźć *znaleshch* to find

znieczulenie (n) *zniechoolenie* anaesthetic

znikać *zneekach* to disappear

zniżka (f) *zneeshka* reduction

znowu *znovoo* again

zobaczyć *zobachich* to see

zrobić *zrobeech* to do

zrozumieć *zrozoomiech* to understand

zwichnięty/a/e *zveehnienti/a/e* sprained

zwiedzanie (n) *zviedzanie* sightseeing

zwierzę (n) *zviezhe* animal

zwyczaj (m) *zvichay* habit

## Ź

źle *zhle* bad, badly

źródło (n) *zhroodwo* source

## Ż

żaden/żadna/żadne *zhaden/zhadna/zhadne* none, no-one, any

żarówka(f) *zharoofka* bulb *(lamp)*

żart (m) *zhart* joke

żądać *zhondach* to demand

żądlić *zhondleech* to sting

żądło (n) *zhondwo* sting

żebrak/żebraczka (m/f) *zhebrak/zhebrachka* beggar

żel (m) *zhel* gel

żelazko (n) *zhelasko* iron *(for ironing)*

żelazo (n) *zhelazo* iron

żenujący/a/e *zhenooyontsi/a/e* embarrassing

żeton (m) *zheton* token

żłobek (m) *zhwobek* nursery

żona (f) *zhona* wife

żonaty *zhonati* married *(man)*

żółty/a/e *zhoowti/a/e* yellow

życie (n) *zhiche* life

żyć *zhich* to live

Żyd/Żydówka (m/f) *zhit/zhidoofka* Jew/Jewess

żydowski/a/e *zhidofskee/a/e* Jewish

żyletka (f) *zhiletka* razor

żywy/a/e *zhivi/a/e* alive

# Now you're talking!

BBC Active offers a wide range of innovative resources, from short courses and grammars, to more in-depth courses for beginners or intermediates. Designed by language-teaching experts, our courses make the best use of today's technology, with book and audio, audio-only and multi-media products on offer. Many of these courses are accompanied by free online activities and television series, which are regularly repeated on BBC TWO Learning Zone.

Independent, interactive study course
2 x PC CD-ROM; 144pp course book;
60-min audio CD; free online activities
and resources www.getinto.com.

Travel pack
160pp book;
1 x 75-minute
CD.

Short independent
study course
128pp book;
2 x 60-minute CDs/
cassettes.